Barbara Kopf
Poesieblau
zugeflogen

Gedichte für Sie,

über alles, was mich bewegte,

mir Freude machte.

Über Sehnsüchte und Kummer.

Träume, Liebe und Leid.

Einfach über alles,

was auch Sie in ihrem Leben erleben.

Das Schönste für mich wäre,

wenn Sie sagen könnten,

ja, genau so fühle ich auch.

Barbara Kopf

Poesieblau

zugeflogen

Bibliografische Information der Deutschen Nationalbibliothek:
Die Deutsche Nationalbibliothek verzeichnet diese Publikation in der Deutschen Nationalbibliografie; detaillierte bibliografische Daten sind im Internet über http://dnb.dnb.de abrufbar.

Herstellung und Verlag: BoD – Books on Demand, Norderstedt

ISBN: 978-3-8482-2474-6

Inhaltsverzeichnis

Seite

Frühlingserwachen

Vorfreude

Ganz kleine grüne Blätterspitzen,
sie sehen noch bescheiden aus,
geduckt auf dunkler Erde sitzen.
Bald wird ein Blütenwunder draus.

Die Sonne lässt das Grüne sprießen,
lockt wärmestrahlend es heraus.
Doch braucht es Regen oder Gießen,
sonst wird kein einzig Blümchen draus.

Oh Frühling, du bist Augenweide,
lass die Natur nicht länger warten.
Schenk neues Leben, male Freude,
verzauber jeden trüben Garten.

Verliebte Vögel werden singen,
erfüllt von dir und voller Leben.
Sollst sanfte laue Lüfte bringen,
die Zärtlichkeit und Streicheln geben.

Komm, mach die Welt mit Farben bunt,
mit frischem Grün und Jubilieren.
Ich sehe sie schon blühen und,
vorbei ist's mit - im Freien frieren.

Der Frühlingstag

Die Erde hat den letzten Schnee
vom Winter aufgesogen
und sich den frischen grünen Klee
mit Blüten angezogen.

Die laue Luft, der Frühlingshauch,
lässt keinen jetzt mehr frieren.
Ein jedes Herz ist offen,
auch die Fenster und die Türen.

Komm nur herein du Frühlingstag,
lass dich hier häuslich nieder,
bleib lange da, weil ich dich mag
und komme immer wieder.

April

Sonnenstrahl und Regenschauer,
weiße Flöckchen hin und wieder,
dem April ist nicht zu trauen,
blüht auch manchmal schon der Flieder.

Böig bläst er, säuselt leise,
macht mitunter große Pfützen,
zeigt sich warm auf Sommerweise,
und verhagelt draußen Sitzen.

Seine Launen lässt er sprießen,
wie das Grün auf Busch und Bäumen.
Manchmal schenkt er auch Genießen,
und das frühlingsfrohe Träumen.

Ob wir seine irren Dinge,
gerne haben oder nicht,
er beschert uns Schmetterlinge,
Blüten und auch wieder Licht.

Darum sei er uns willkommen,
ganz egal, was er so treibt.
Hat er Anlauf erst genommen,
wissen wir, der Frühling bleibt.

Alte Weide

Einsam steht die Trauerweide,
ihre Füße eingegraben,
ihre Wurzeln feucht, umfangen
Nahrung, dass sie Leben haben

Lange wächst sie schon am Ufer,
Jahre kommen, Jahre gehen,
Blätter werden gelb und fallen,
Zweige kahl im Herbstwind wehen.

Dann bekommt sie neue Kräfte,
frisches Grün ist im Erstehen,
schmale, grüne Frühlingstriebe
soll der Frühling winken sehen.

Tief herab bis auf den Boden
ihre zarten Zweige gleiten.
Weide, edle Augenweide,
Schönheit aller Jahreszeiten.

Das kleine Blatt

Ein Blatt, gewachsen als der Frühling aufgewacht,
hellgrün und glänzend, wie gewachst noch klein und zart,
hat sich zu seiner Lebensaufgabe gemacht
ein Sonnenkraftwerk anzufangen, von besondrer Art.

Erst wollte es sich einfach in die Höhe strecken,
doch all die andern Blätter kamen ihm zuvor.
Sie drängten hoch hinauf und wollten es bedecken
mit ihren Blätterfluten und mit Blütenflor.

Ganz blass war es geworden, völlig matt und schwach,
da hat ein Sonnenstrahl zu ihm den Weg gefunden
auf dieses kleine Blatt, ein Lichtreflex von einem Bach.
Damit hat unser Blatt die Blässe überwunden.

Nun kann es schaffen, was Natur ihm aufgegeben,
beim klaren, hellen Sonnenschein gelingt es schon,
hilft seinem Blätterbaum zu einem grünen Leben.
Es schafft sein Grün in einem frühlingsfrischen Ton.

Laue Lüfte

Windgeselle,
Schmeichler aus der Sonnenflur,
deine sanften Flügel hebe,
warme Tage wieder webe,
wehe nur.

Lebensspender,
küsse zarten Liebeshauch,
flüstere von neuen Zeiten,
atme Wachstum in die Weiten,
bleibe auch.

Lüftewirbler,
mildes Säuseln, laue Luft,
wische Staub aus trüben Tagen,
Winterstarre abzusagen,
Leben ruft.

Frühlingsbote,
trage Duft in Strauch und Baum,
Keime, die das Leben tragen,
einen neuen Anfang wagen,
Blütentraum.

Sehnen

Sehnen sich nach Liebestönen,
lauschen in die dunkle Nacht,
Frühling komm, die Welt verschönen,
zeige deine Wundermacht.

Lauschen in die dunkle Nacht.
Sonne, trinke letzte Spuren,
zeige deine Wundermacht,
streue Grün auf alle Fluren.

Sonne, trinke letzte Spuren,
Schluss mit Winters weißer Pracht,
streue Grün auf alle Fluren,
Lebensgeister aufgewacht.

Schluss mit Winters weißer Pracht,
Frühling komm, die Welt verschönen
Lebensgeister aufgewacht
Sehnen sich nach Liebestönen

Zeitenwende

Wenden will sich nun die Zeit
Winter wird jetzt abgeschworen
Gott sei Dank es ist so weit
Frost hat seine Kraft verloren

Winter wird jetzt abgeschworen
Frühling hat das Regiment
Frost hat seine Kraft verloren
Sonne keine Gnade kennt

Frühling hat das Regiment
Farben strahlen über Nacht
Sonne keine Gnade kennt
Wärmend uns der Himmel lacht

Farben strahlen über Nacht
Gott sei Dank es ist so weit
Wärmend uns der Himmel lacht
wenden will sich nun die Zeit

Frühlingsseligkeit

Mein Baum singt mir sein Frühlingslied,
die Zweige festlich ausgeschmückt,
mit Silberknöpfchen zart bestickt,
ein zarter Duft sie überzieht.

Mit Orgelton und sanftem Brummen
blüht er im hellen Sonnenschein.
Für alle will er Zeichen sein,
zu jubeln, singen, zwitschern, summen.

Kommt zu mir her und singt mit mir,
wir singen eine Frühlingsweise,
ihr nehmt mit auf eure Reise,
tragt sie hinaus, ich bleibe hier.

Der ganze Garten summt und klingt.
Aus allen Kehlen weit und breit
tönt lauter Frühlingsseligkeit,
das Lied, das mir mein Baum heut singt.

Lebensgeister

Frühling zeigt sich schüchtern schon

linde Lüfte, zartes Wehen,

Vögel zwitschern leisen Ton.

Neues Leben will erstehen.

Knospen dunkel, drängen, schwellen,

unscheinbar, von Braun verdeckt,

warten an geheimen Stellen,

noch im Nebelgrau versteckt.

Sehnen, nach den Liebestönen,

lauschen, in die dunkle Nacht,

komme bald, die Welt verschönen,

zeige deine Wundermacht.

Sonne, trink die letzten Spuren

von des Winters weißer Pracht

streue Grün auf alle Fluren,

Lebensgeister, aufgewacht.

Ungeduld

„Lass mich doch raus!" So drängt das zarte Blatt.
„Ich will die Frühlingssonne sehn."
Die Knospe hält verschlossen Tür und Tor, sie sagt:
„Du kannst noch nicht nach draußen gehn."

„Lass mich nur um die Ecke spitzen,
damit ich sehe diese Pracht,
die Blüten, die schon draußen sitzen,
das Schöne, das der Frühling macht."

„Nein bleib noch da!" Die Knospe wehrte ab.
„Es ist noch viel zu kalt für dich,
hör auf mein Wort, der kalte Frost
er lässt dich frieren.
Wart auf den Frühling, hör auf mich!"

Da sah das Blättchen eine Lücke
drängt heimlich, neugierig heraus.
Jedoch der Nachtfrost voller Tücke,
blies Frost und Kälte weit hinaus.

„Oh welch ein Schmerz! Das Blättchen leidet Not.

Ist es erfroren, musst es gehn?

Wenn jetzt mit warmem Sonnenschein

der Frühling kommt,

wird er noch dieses Blättchen sehn?“

Das Blatt, es konnte nicht verzichten,

ist nicht geblieben, wo es sollte.

Der Frost versuchte zu vernichten,

was dieser Frühling bringen wollte.

Doch welch ein Glück,

es blieb ein Stückchen Grün.

Die Knospe hatte es bewahrt.

Es konnte weiter wachsen, als der Frühling kam.

Nun grünt am Baum das Blättchen zart.

Frühlingstage

Sonne auf den kahlen Hängen,
laue Lüfte drüber hin,
frühe Vögel mit Gesängen
bald aus Süden heimwärts ziehn.

Erste grüne Blättchen schauen,
zartes Bunt sie leuchten sieht,
nach und nach sich alle trauen,
kommt und singt das Frühlingslied.

Nimm die letzten Schneegebilde
zart aus ihrem Waldversteck,
tränke damit die Gefilde,
wasche Winterdürre weg.

Sehnsuchtsvoll wird sie erwartet,
hat nun lang genug gesäumt,
Leben ist jetzt durchgestartet,
seine Starre weggeträumt.

Zeige Blütenwundermächte,

denn es wird nun endlich Zeit,

bringe laue Maiennächte,

liebevoller Zweisamkeit.

Lass uns jetzt an dir gesunden,

Winterkälte nun ade,

schenke Träume, Zauberstunden,

Seligkeiten, Blütenschnee.

April

Genauso ist April,

Schüttelfrost und Sonnenbrand

geben sich die Hand,

biegen sich vor Lachen,

trotz der Frühjahrsmüdigkeit

treibt er lauter dumme Sachen,

Er macht einfach, was er will.

Aufgewacht

Frühling zeigt sich zaghaft schon,
linde Lüfte, zartes Wehen,
Vögel zwitschern leisen Ton,
neues Leben will entstehen.

Linde Lüfte, zartes Wehen,
unscheinbar, das Grün verdeckt.
Neues Leben will entstehen,
noch im Nebelgrau versteckt.

Unscheinbar, das Grün verdeckt,
Knospen dunkel, drängen, schwellen,
noch im Nebelgrau versteckt.
Warten an geheimen Stellen.

Knospen dunkel, drängen, schwellen,
Vogel zwischern leisen Ton
warten an geheimen Stellen,
Frühling zeigt sich zaghaft schon.

Frühlingstanz

Sumseriche, Krabbeldinger
sind zum Frühlingstanz bereit.
Frühlingssonne streckt die Finger
in die kalte Dunkelheit.

Federbällchen, Flatterlinge,
fliegen durch den Frühlingsgarten,
überall nur noch Gesinge,
Strahlenkringeltanz will starten

Brummen, säuseln, zwitschern, wehen,
Freude hier, so weit man schaut,.
Frühlingsfeiertage gehen,
zart geschmückt, wie eine Braut.

Töne, Frühlingssinfonien,
im Naturballett entschweben,
suchen, finden Harmonien.
Frühlingstraum das Jawort geben.

Leichtbeschwingt

Zartes Säuseln, mildes Licht,
Winterstarre längst dahin,
das ist Frühling, was da spricht.
Zauber, leicht beschwingter Sinn!

Winterstarre längst dahin,
Vogellieder, Sonnenstrahl,
Zauber, leichtbeschwingter Sinn,
folgt den Freuden großer Zahl!

Vogellieder Sonnenstrahl,
Liebeswerben ringsumher,
folgt den Freuden großer Zahl,
Herzenskälte gibts nicht mehr.

Liebeswerben rings umher,
das ist Frühling, was da spricht,
Herzenskälte gibts nicht mehr,
Zartes Säuseln, mildes Licht.

Werden

Winde, die das Werden wehen,
Helligkeit, die Leben weckt,
dicke, dunkle Knospen stehen,
Wunder unscheinbar versteckt.

Farben bunt, bereit zu schmücken,
warten nur auf den Moment,
bis mit hellen Sonnenblicken,
Frühling, seine Zeit erkennt,

Dann wird an dem Traum gewoben,
lebensfroh Natur erwacht
aus dem Winterschlaf gehoben,
sprießend, wachsend, über Nacht.

Jede Knospe will enfalten,
was sie lange Zeit versteckt.
Blätter, Blüten, Lichtgestalten,
freudig in die Luft gereckt.

Falter gaukeln sonnentrunken,
Blütenzauber leicht entgegen.
Wie im Frühlingstraum versunken,
trinken sie das neue Leben.

Frühlingsgefühle

Die Luft wie schmeichelzarte Seide,
ein sanftes rieseln auf der Haut.
Ringsum ist alles Augenweide
wie lange keiner sie geschaut.

Das Grämen muss sich da verstecken.
Wer möchte hier noch traurig sein?
Es blüht und grünt an allen Ecken
im lichten Frühlingssonnenschein

Ein helles Licht, ein Jubilieren,
ein Summen, Flattern und Getön,
ein seliges sich drein Verlieren.
Die Welt ist heute wunderschön.

Blaue Blume

Blaue Blume,

du Geschöpf der Poesie,

suche dich seit langen Zeiten schon.

Dieses Blau, den sonderbaren Ton.

ersehne ich , mit meiner Phantasie.

Blaue Blumen

hab ich mir zum Kranz gebunden,

blaue Blüten pflückt ich vielerlei,

phantasieblau war niemals dabei.

Doch nur dieses wünsch ich mir

für blaue Stunden.

Blaue Blume,

will dich in Gedichte fassen,

leuchte, mach mir die Gedanken hell.

Blauer Traum vergehe nicht so schnell,

schenk dich mir und lass dich nie verblassen.

Erste Rose

Am Morgen war an einem Rosenstrauch,
die erste zarte Blüte aufgewacht,
streckt rosa Blättchen, duftig zarten Hauch,
aus grüner Knospe, die ihr aufgemacht

Ein Tröpfchen Tau erstrahlt im Sonnenschein,
ein Licht, das glitzernd ihre Schönheit schmückt.
„Wie schön," denkt sie, „ich bin ja nicht allein,"
als sie den bunten Schmetterling erblickt.

Er schaut sie an, sagt, „du gefällst mir sehr,
ich möchte dich so gerne einmal küssen."
„Komm küss mich, Schmetterling, komm zu mir her,
wie deine Küsse schmecken, will ich wissen."

Er kommt und gibt ihr einen schnellen Kuss,
die Rose ist vor Liebe fast vergangen.
„Wie schade", sagt der Schmetterling, „ich muss."
„Küss mich nochmal", ruft sie noch voll Verlangen.

Im Flattern wirft er einen Handkuss zu,
„vielleicht sehn wir uns wieder, ich muss gehn"
„ich übe, dass ich fliegen kann wie du",
sagt sie, „wenn wir uns morgen wieder sehn."

„Du kannst nicht fliegen, du sitzt viel zu fest,
bist angewachsen hier an deinem Strauch,
und wenn du geht, du ja dein Leben lässt.
„Ach, lass mich fliegen, fliegen will ich auch."

Ein Frühlingswind hat ihren Wunsch erfüllt,
er rüttelte, bis hoch die Blättchen flogen,
mit ihrem Schmetterling, von lauer Luft umhüllt,
ist sie geflogen hoch zum Himmelsbogen.

Winken

Vor meinem Fenster steht ein Baum,

ihn schmückt ein Kleid aus grünen Tönen.

Er steht und winkt.

Er schüttelt seinen Blättersaum,

sein Rauschen hört sich an wie Stöhnen.

Ich kann nur fragen: „Meinst du mich,

willst du mir deine Freundschaft zeigen?

Ich bin dir gut.

Und glaube mir, ich liebe dich,

du brauchst dich nicht vor mir verneigen."

Bei Tag und Nacht begrüßt er mich,

doch kenne ich nicht seine Gründe.

Ich frage ihn.

„Mein Baum, warum nur neigst du dich?

„Das bin nicht ich, es sind die Winde."

Sommerfreuden

Sonnenlicht

Sieh, wie die Sonne nach uns greift,

sie füllt die Welt mit gold'nem Schein,

die Wolkendecke abgestreift,

ganz unbedeckt will sie heut sein.

Sie lächelt in den neuen Tag,

nimmt von uns, was uns trüb versehrt,

erleuchtet, was nur leuchten mag,

bringt Licht hinein, macht unbeschwert.

Zeig her dein Strahlen, Himmelslicht

verwehre Dunkelheit die Macht

Wir wollen heute Trübsinn nicht,

die Dunkelheit gehört zur Nacht.

Besuch

Die Sonne wollt mich überraschen,
beschloss sich bei mir aufzuhalten,
da werd ich schnell mit ein paar Flaschen,
'nen Sonnenfesttag uns gestalten.

Ich back ihr einen Sonnenkuchen,
werd mit der Sonne ihn im Garten,
am Mittag zum Kaffee versuchen.
Auf Sonne brauchen wir nicht warten.

Wir werden diesen Tag genießen,
er soll ein Sonnensonntag sein.
den ausgiebig wir froh begießen,
im Sonnenschein mit Sonnenwein.

Am Abend dann, nicht mehr ganz nüchten,
die Sonne ging, ich bin allein,
beim schauen nach den Sternenlichtern,
leer ich den Rest vom Sonnenwein.

Sommerlüfte

Liebestanz der Sommerlüfte,

fliegen auf der kühlen Brise,

nur den Schleier um die Hüfte,

schweben sie durch Wald und Wiese.

Himmelhohes Blau verdeckend,

kaum ein helles Blinken noch,

fedrig zart die Glut versteckend,

blasen sie den Schleier hoch.

Weiß und rein, wie Wattebäusche,

ziehen sie am Himmel dort,

leise, säuselnde Geräusche,

schieben sie von Ort zu Ort.

Sanftes auf und niederschlingen,

Gehen, Kommen, Lichterspiele,

leichtes Wehen.auf den Schwingen,

schenken sie die Sommerkühle.

Hitzeflimmern

Auf den Straßen Hitzeflimmern,
der Asphalt fängt an zu weichen,
ob im Freien, ob in Zimmern,
glüht die Hitze ohnegleichen,

Heiße Wüstenwinde wehen,
brüten dumpf in allen Ecken,
um nicht tropfend zu vergehen,
bleibt mir nur, mich zu verstecken.

Nachts im Bett, wenn alles offen,
naht der kühle Wind mit Streicheln,
dann erfüllt sich Tageshoffen,
wohlig lass ich mich umschmeicheln..

Nackt und bloß, ganz ohne Decken,
hingegeben sanfter Kühlung,
spür ich früh, beim Dehnen, Strecken,
Hexenschuss, als Lohn der Fühlung..

Immer wieder zeigt das Leben,
man soll nur nichts übertreiben,
Hitze, Kälte, alles eben,
wird auf jeden Fall nicht bleiben.

Sommergeschenk

Der Sommer schenkt uns den Genuss,
er lässt das Grün in Massen sprießen.
Dazu nimmt er den Regenguss,
und somit brauchen wir nicht gießen.

Er lässt das Grün in Massen Sprießen,
füllt Flüsse ohne einen Halt.
Da könnten Schwimmen wir genießen,
doch geht das nicht, es ist zu kalt.

Füllt Flüsse ohne einen Halt,
das Wasser strömt in alle Ritzen,
gibt allem wässrige Gestalt,
jedoch im Grünen kann man sitzen.

Das Wasser strömt in alle Ritzen,
dazu nimmte er den Regenguss.
Jedoch im Grünen kann man sitzen.
Der Sommer schenkt uns den Genuss.

Sommergefühle

Der Sommer schenkt uns den Genuss,
er lässt das Grün in Massen sprießen.
Dazu nimmt er den Regenguss,
und somit brauchen wir nicht gießen.

Er lässt das Grün in Massen Sprießen,
füllt Flüsse ohne einen Halt.
Da könnten Schwimmen wir genießen,
doch geht das nicht, es ist zu kalt.

Füllt Flüsse ohne einen Halt,
das Wasser strömt in alle Ritzen,
gibt allem wässrige Gestalt,
jedoch im Grünen kann man sitzen.

Das Wasser strömt in alle Ritzen,
dazu nimmt er den Regenguss.
Jedoch im Grünen kann man sitzen.
Der Sommer schenkt uns den Genuss.

Hitze

Die schwüle Hitze dieser Tage
wirft einem schon beinahe um.
Doch es ist Sommer, ohne Frage,
ums Schwitzen kommt man da nicht rum.

Man könnte sich mit Kühlung laben.
Zum Beispiel Eis, das innen kühlt.
Doch wird man breite Hüften haben,
wenn man dies Spielchen öfter spielt.

Es gibt auch noch die kalte Dusche
das ist ein bisschen unbequem.
Schnell wenn vorbei die kalte Husche
kann man uns wieder schwitzen sehn.

Mein Rat im Keller zu verweilen, -
dort kommt die Hitze nicht so hin,-
ist schlecht, denn Aufenthalt bei Seilen
und andrem Krimskrams, trübt den Sinn.

Ins Schwimmbad wäre noch zu gehen,

doch macht man sich da öffentlich.

Von der Figur zu viel zu sehen,

das ist dann leider nichts für mich.

Wie ich das Thema dreh und wende

von hinten, vorne, um und um,

erst wenn der Sommer mal zu Ende

kommt man auch um das Schwitzen rum.

Kühlungsnot

Im Sommer trägt man wenig nur
man kleidet sich sehr sparsam ein,
doch steigt dann noch die Temperatur
kann wenig auch zu viel mal sein.

Hat man von Grund schon kaum was an
beginnt die Schwierigkeit der Lage,
denn was man da ablegen kann
ist kaum noch sittsam, ohne Frage.

Zunächst muss man sich Kühlung borgen,
und fängt sofort mit Trinken an.
Da macht das Schwitzen wieder sorgen.
Was äußerst lästig werden kann.

Ein Ventilator apendet Kühlung
bringt wirbelig die Luft in Schwung
dadurch wird kurz des Sommers Fühlung,
wie Frühlingsbrise frisch und jung.

Doch jeder kann es nicht ertragen

wenn ihn die Luft so sehr umweht.

Er muss sich dann mit Schnupfen plagen

wobei ihm aller Spaß vergeht.

Am besten würde es halt sein

man hielt sich an den Schattenlauf

und meidet Sommersonnenschein.

Auch dieser Sommer hört mal auf.

Letzte Sommertage

Die letzten Sommertage geben, was geblieben ist.

Sie haben uns gedient, das Leben leicht gemacht.

Die Fenster konnte man weit offen lassen

in der Nacht.

Die Kleidung war dem warmen Wetter angepasst.

Ganz leicht, verführerisch und sommerlich beschwingt.

Wir machten nur,

was uns nicht so zum Schwitzen bringt.

Gewöhnen müssen wir uns dran uns einzupacken,

da gibt es dann auch wieder nicht so viel zu sehn.

Bleib Sommer, ist auch kurz die Frist,

bis du musst gehn.

Leb wohl, wir freuten uns,

dass du bei uns gewesen.

Wir schenken dir noch einen letzten Tränenblick,

und nehmen es, wie's ist,

bis du im nächsten Jahr zurück.

Sommermondenschein

Amselsingen, Jubellieder,
lebensfrohe Sommerzeit.
Liebesrufe hin und wieder,
Melodien weit und breit.

Zwitschern, flattern, brummen, summen,
Blütenzauber, wo man schaut.
Ohne jemals zu verstummen,
lauter leiser Freudenlaut.

Huschen, schleichen, rascheln sachte,
die Natur im Überfluss.
Sonnenlächeln, das uns brachte,
sommerlichen Hochgenuss.

Abends dann beim Sternenflimmern
traulich beieinander sein.
Raus aus dumpfen, tristen Zimmern,
in den Sommermondenschein.

Sonne zaubert Lächeln aufs Gesicht.

Nass ist die Welt noch von der Regenflut,

da spiegelt Wasser tausendfaches Licht.

Aus jedem Tropfen der auf Zweigen ruht,

malt Sonne strahlend, lächeln aufs Gesicht.

Der Tag ist hell, der Himmel leuchtet blau,

Gedanken und Gefühle hell, wie Lichter.

Du Sonne, lebensfrohe Himmelsfrau,

dein Leuchten zaubert Lächeln auf Gesichter.

Vergessen ist die stumme Lethargie,

was lang geschlummert drängt hinaus.

Betrunken von der Sonnenenergie,

lacht sonnig lächeln aus Gesichtern raus.

Sonnenkringel

Kleiner Sonnenkringel,

tanzt herum in meinem Glas,

aber pass gut auf dich auf,

sonst wirst du noch pitschenass.

Kleiner Sonnenkobold,

hüpfst im Teich, springst auf und nieder,

malst die welken Blumen an

und sie strahlen farbig wieder.

Kleiner Sonnentänzer,

biege dich im Sonnenreigen,

Bäume halten mit dir mit,

winken mit den grünen Zweigen.

Kleine Sonnenstäubchen,

hüpft doch in mein Herz hinein,

dann wird ganz tief in mir drinnen,

immer deine Sonne sein.

Freude

Kugelperlen überglühn,
wie aus Seide aufgestickt,
Festkleidrüschen samtig grün.
Hab im Garten sie erblickt.

Rot sind sie, so rot wie Blut,
ebenmäßig aufgereiht.
Sind zwar sauer, aber gut,
s' ist Johannisbeerenzeit.

Alles aus Johannisbeeren,
mit 'ner Menge Sahne drauf,
musst ich viel zu lang entbehren,
nun ess ich sie alle auf.

Herbstgedanken

Das Licht

Wenn's draußen kalt und dunkel ist,
nimmt uns're Sehnsucht überhand,
nach einem Licht, das sich ergießt
und freundlich macht das dunkle Land.

Das Licht der Sterne, voller Glanz,
ist nicht das Licht, das Herzen wärmt,
lautlos am Himmel, nachts beim Tanz,
ihr kühler Strahl von Ferne schwärmt.

Der Kerze Licht uns warm erhellt,
es tröstet uns, wenn wir betrübt.
Doch ist das wahre Licht der Welt,
die Liebe, die das Leben gibt.

Noch

Noch ist es Sommer und schon raschelt Laub,
entfärbt von Grün, den Winden ausgesetzt.
Längst trüb gepudert voll mit grauem Staub,
bevor ein Sturm sie durch Gefilde hetzt.

Die Blätter, die mit ihrem Frühlingsgrün,
die Welt verzaubert haben, sind nun sein.
Sie sollen herbstgeschmückt von dannen ziehn.
Er lädt sie bald zum letzten Tanze ein.

Mit allen Farben, die dem Jahr geblieben,
vor allem Sonnengelb, Orange und Rot,
schmückt er sie noch, bevor sie baumlos stieben,
vom kalten Wind getrieben, in den Tod.

Doch ihr Verwehn soll nicht vergeblich bleiben,
im neuen Frühling lassen sie es sehn,
wenn kahle Äste neue Blätter treiben,
die grün im Frühling auf den Zweigen stehn.

Sie haben ihrem Baum die Kraft gegeben,
ein neues Kleid für ihn bereitet.
Verhalfen ihm zu neuem Blätterleben,
das ihn nun eine lange Zeit begleitet.

Äpfel

So wie einst im Paradiese,
locken Äpfel, sie zu pflücken.
Hinterm Haus auf grüner Wiese,
wachsen sie in vielen Stücken.

Keine Engel warnen täglich,
keine Schlange, kein Verdruss.
Dieser Duft, er ist unsäglich,
lädt zur Ernte, zum Genuss.

So ein Apfel frisch gebrochen,
saftig, aromatisch, fein,
nicht von Würmern angestochen,
kann nur paradiesisch sein.

Bienenflüge, Sonne, Regen,
brauchte es, ihn zu bereiten.
Heute ernten wir den Segen,
Äpfel, Früchte alter Zeiten.

Altweibersommer

Sonnenleuchten, streichelnder Septemberatem
schlängelt hauchend sich durch Busch und Baum,
feierliche Stille, nur Genießen,
diesen friedlichen Altweibersommertraum,

Sonnengaben, Fruchtgeschenke überall,
Lebensspende, Kraft für Mensch und Tier,
voller Freude dankbar eingesammelt,
Sommergruß im winterlichen Frostrevier.

Falter tanzen, spielendes Geflatter,
wissen nichts vom Ende, vom Vergehn,
sitzen arglos auf Septemberblüten,
als Altweibersommerschmuck, schön anzusehn.

Genießerische, milde Herbstgefühle
betören und umschmeicheln Herz und Sinn.
Keine Fragen wo die Zeit geblieben,
und wo Sonne und Altweibersommertage hin.

Mein Baum

Mein lieber Baum

du hast dir nun,

dein buntes Festkleid angezogen.

Wie zum Konzert mit köstlichem Gesang.

Ein letztes Mal

verschwenderisches Wogen,

dann ruhst du aus,

den ganzen Winter lang.

Das bunte Kleid wird abgelegt,

wie eine Robe,

die dich eingehüllt.

Schläfst nun den Winterschlaf,

sei ungestört.

Nur träumen von der grünen Zeit,

dein Sein erfüllt.

Schlaf, bis dein Traum,

den Ruf des Frühlings hört.

Das letzte Blatt

Mit welken Blättern hergetrieben,
kam auch ein Blatt im Lebensbuch.
Noch ist es weiß und unbeschrieben,
wie ein ganz frisches, reines Tuch.

Das alte Blatt ist umgeschlagen,
Erinnerung an das, was war.
Dort ist das Leben eingetragen,
die Wahrheit, traurig, trüb und klar.

Im Buch, beschrieben viele Seiten,
gefüllt mit Runen meiner Zeit,
steht was ich tat, es zu bereiten,
dort ist meine Vergangenheit.

An neuen Blättern sind nicht viele,
beschreiben möcht ich sie noch gern.
Das nahm ich mir zum Lebensziele.
Sei mir das letzte Blatt noch fern.

Herbst

Die Sonne lässt heut Wärme auf uns fließen,

sie streichelt uns mit Zärtlichkeit die Haut,

malt Sonnenkringel auf die grünen Wiesen,

verstreut ihr warmes Gold,

wohin man schaut.

Sie will sich heute überhaupt nicht lumpen lassen.

Sie tut scheinheilig, so als wäre nichts dabei.

Sie sparte Strahlen, es ist kaum zu fassen,

wir fürchteten sogar,

dass Herbst schon sei.

Doch kann sie einfach nicht so von uns gehen,

sie muss noch bleiben, sie ist unser Licht.

wir brauchen sie, wir wollen hier sie sehen,

gehn darf sie erst, wenn Herbst vorbei,

doch vorher nicht.

Mein Schmetterling

Mein Schmetterling aus frühen Tagen,
dein Leben neigt sich dem Vergehn.
Zerrissen Flügel, matte Farben,
du wirst nun nicht mehr lang bestehn,
und keinen Sturm hier mehr ertragen.

Zerrissen Flügel, matte Farben,
verwelktes Blättergrau im Wind.
Die Leichtigkeit ist dir genommen,
die Flügel eine Last nur sind.
Die Stürme sinds, die dich verdarben.

Die Leichtigkeit ist dir genommen,
ein letzter Flug nur noch, vielleicht,
bald wird dich keiner hier mehr sehn.
Das Lebensziel es ist erreicht,
du gehst so still, wie du gekommen.

Bald wird dich keiner hier mehr sehn,
du warst mein Freund, ich flog mit dir,
hast mir geholfen, mich getragen.
Der Wind, er bläst dich fort von mir,
ein Gruß noch beim Vorüberwehn.

Blätter

Noch halten wir uns an den Bäumen,
mit aller Kraft im letzten Grün.
Wir wollen keinen Tag versäumen,
bevor wir mit den Winden ziehn.

Erst färben wir uns gelb und rot,
wie Blüten sehen wir dann aus,
bevor wir trocken sind und tot,
blüht alles Leben aus uns raus.

Was wir als Gabe hingegeben,
war aber nicht umsonst geschenkt,
wir dienen anderen zum Leben,
die ohne uns das Nichts versenkt.

Es ist ein Nehmen und ein Geben.
Der Jahreskreis, er hat die Macht,
zu zaubern aus dem Tod das Leben,
das aus dem Alten, Neues macht.

Letzte Rose

In meinem Garten blüht sie noch,
die allerletzte, letzte Rose.
Die Blütenfarben am Verblassen,
hält sie sich noch mit letzter Kraft,
bald muss sie ihren Strauch verlassen.

Der Herbstwind wird ihr Sein beenden,
entblättern ihre Blütenpracht.
Er nimmt ihr das geliebte Leben,
wird sie im Fluge an sich reißen
und ihr den Kuss des Todes geben.

Erinnerung an ihren Duft,
die Schönheit zarten Farbenhauchs,
verwehter Rosensommerzeiten.
Das bleibt als letzter Gruß von ihr,
er wird zum Frühling mich geleiten.

Laub

Heut bin ich durch den Wald gegangen,
das braune Laub zu meinen Füßen.
Die Füße haben angefangen,
und mit den Blättern rascheln müssen.

Genau, wie damals dieser Duft,
das Laub, die Erde, das Vergnügen,
die Kindheit, das Erinnern ruft,
lässt Bilder sich zusammenfügen.

Das Laub, es wurde hochgeschossen,
mit jedem Tritt, so weit es ging,
mit lautem Lachen, froh genossen,
bis hoch am Baum kein Blatt mehr hing.

Durch alle Zeit, die längst vergangen,
hab ich dies Rascheln nicht vergessen,
es als Erinnern eingefangen,
mein Herbstglück, das ich einst besessen.

Das bunte Kleid

Mein lieber Baum, hast dich geschmückt,

dein buntes Festkleid angezogen,

wie zum Konzert mit himmlischem Gesang.

Ein letztes Mal verschwenderisches Wogen,

dann ruhst du aus, den ganzen Winter lang.

Das bunte Kleid wird abgelegt,

wie eine Robe die dich eingehüllt.

Schläfst nun den Winterschlaf, sei ungestört.

Nur Träumen noch, von grüner Zeit dein Sein erfüllt.

Schlaf, bis dein Stamm den Ruf des Frühlings hört.

Dann, du mein Baum schmückt dich aufs neu

ein Festkleid ganz aus hellem zartem Grün.

Den Traum des neuen Lebens feierst du.

Gibst dich vom Schlaf erwacht dem Frühling hin,

singst ihm dein Lied von Liebe und von Treu.

Übergang

Wie mit Goldspray überhaucht,
stehen jetzt die bunten Bäume
im Oktobersonnenstrahlen.
Sie versinken nun in Träume,
ganz in Leuchten eingetaucht.

Nehmt euch euren Winterschlaf,
ihr habt lang genug bestanden.
Frühling, Sommer, Blütenpracht.
Was wir suchten, was wir fanden,
unser Sehnen übertraf.

Dieses Gold im Sonnenlicht
ist schon am Vorübergehen.
Bald, wenn Flocken niedersinken,
wir das Silberglitzern sehen,
Licht, in Schneekristallen bricht.

Träumt euch in das neue Leben,
das in dunkler Winterstille,
heimlich sich zum Frühling drängt.
Sprengt die dunkle Blätterhülle,
webt das Grün zum Frühlingsleben.

Wo gehst du hin?

Nun beginnt der Herbst zu trüben,

blasst den bunten Sommertraum.

Auch der Wind fängt an zu üben,

bis kein Blatt mehr hängt am Baum.

Rote, gelbe Farben sprühen,

leuchten hell wie ein Fanal.

Bäume scheinen aufzuglühen,

in der Sonne goldnem Strahl.

Auch der letzte Früchtesegen

hungert nach dem milden Hauch.

Nimmt das letzte Süß entgegen,

abgelöst von Baum und Strauch.

Bald sind Blatt um Blatt verschwunden,

traurig darbt dann die Natur.

Wo sind sie, die goldnen Stunden?

Sommer, wohin gingst du nur?

Welken

Der Herbst hat längst die Macht bekommen.
Fast über Nacht kam er gegangen,
hat überall schon Laub genommen,
es farbenfroh sich eingefangen.

Ihm nochmals Leben eingehaucht.
Zum letzten Tanze es verleitet,
in bunte Farben eingetaucht,
mit Winden durch die Luft verbreitet.

Und auch zu mir ist er gekommen,
doch hat er Tanzen mir verwehrt,
mir meine Farben fortgenommen,
mich, wie das Blättergrün versehrt.

Nicht, wie das Laub das wieder sprießt,
sobald der Winter ist vergangen,
weiß ich, dass es für immer ist,
hat erst mein Welken angefangen.

Noch zeige ich, was mir geblieben,

sind meine Farben auch nicht prächtig.

Bin da und nicht hinweg getrieben

und aller meiner Sinne mächtig.

Aus dem, was mir der Herbst gelassen

web ich mir nun mein letztes Kleid.

Sobald ich es, nicht mehr kann fassen,

leg ich es ab im Buch der Zeit.

Herbstfanal

Wird Sonnengold auf müden Blättern abgelegt,
damit sie leuchten einmal noch, vor dem Vergehn,
und kaltes Wehen über dürre Äste fegt,.
gehn sie verloren uns, auf Nimmerwiedersehn.

Damit sie leuchten einmal noch, vor dem Vergehn,
als letzten Gruß, sie rot und goldgeschmückt sich zeigen.
Gehn sie verloren uns auf Nimmerwiedersehn
sich auch die kahlen Äste tief zum Abschied neigen.

Als letzten Gruß, sie rot und goldgeschmückt sich zeigen.
ein Herbstfanal, bevor die Winterwinde wogen,
sich auch die kahlen Äste tief zum Abschied neigen
von würzig duftendem Geruch ganz überzogen

Ein Herbstfanal, bevor die Winterwinde wogen
und kaltes Wehen über dürre Äste fegt.
Von würzig duftendem Geruch ganz überzogen,
wird Sonnengold auf müden Blättern abgelegt.

Winterträume

Weiße Gäste

Schon naht die Wolke drohend grau,
sie hat die Sonne zugedeckt,
das Licht in Dunkelheit versteckt,
malt Düsternis aufs Himmelsblau.

Da öffnet sich das triste Kleid,
entlässt viel Tausend weiße Sterne.
Sie kommen wirbelnd aus der Ferne
und alle Welt ist zugeschneit.

Die weißen Flocken, die da wehen,
verwandeln Hütten in Paläste,
mit Sternen, die sie drüberlegen.

Sie liegen auch auf allen Wegen.
Wohin man schaut, sind diese Gäste,
die erst im Frühling wieder gehen.

Erfüllung

Lichter, Töne, Sterne, Düfte,
ein Akkord, der Sehnsucht weckt.
Zarte Engel, Himmelslüfte,
Zauber in der Nacht versteckt.

Kinderaugen, Hoffnungssehnen,
warten auf ein Silberlicht.
Hinter allem Wunder wähnen,
Leuchten, das durch Wolken bricht.

Wünsche, die Erfüllung finden,
Freude, die das Herz erhebt,
Dinge, die von Liebe künden,
Kind, das Weihnachten erlebt.

Die ersten Flocken

Wenn sacht die ersten Flocken fallen,

und tanzen mit dem Wind daher,

ist klar, es wird uns nicht gefallen,

die lauen Lüfte sind nicht mehr.

Der Wind zeigt nun ein kühles Wehen,

man zieht sich an und nicht mehr aus.

Kein Bisschen Haut ist mehr zu sehen,

dick eingemummt geht's aus dem Haus.

Der Sommer sparte nicht mit Reizen,

der Anblick war oft wunderbar,

jetzt bleibt uns nur noch einzuheizen

und hoffen auf das neue Jahr.

Die Möglichkeiten der Verhüllung

sind aber auch verführerisch.

Geheimnisvoll lockt die Erfüllung,

wenn's kalt und draußen winterlich.

Die Fantasie zieht weite Kreise,

dabei bläst Eiswind über's Land.

Man wird bescheiden auf die Weise,

begnügt sich mit der warmen Hand.

Feuerschlucker

Flackern, züngeln, glühen, brennen,
knirschen, knistern, pochen, leuchten,
wärmestrahlender Gesell,
schenke mir Gemütlichkeit,
mach das Dunkle hell.

Wärme, liebevoll umfangend,
tröstlich breite du dich aus,
rot getöntes Flackerspiel,
deine Possen anzusehen
wird mir nie zu viel.

Feuerschlucker, Scheitefresser,
unersättlicher Kumpan,
nie erlösche deine Gier,
tanze deinen Flammentanz,
schenke Wärme mir.

Flöckchen

Schneeflöckchen, Sternchen,

wundervolle, kalte Pracht.

Ihr habt die Welt verzaubert

in der Nacht,

und alles Trübe ringsumher

zu einem glitzerhaften

Schneepalast gemacht,

aus Dunkel einen hellen Glanz,

ganz leise,

heimlichtuerisch hervorgebracht.

So zart, zerbrechlich eines ist,

als viele habt ihr eine große Macht.

Ihr webt uns einen weißen Wintertraum,

auf alles Harte, Dunkle,

über Nacht.

Das alte Jahr

Verhangen, schummrig und geheimnisvoll,
durch Nebelwände streut es Dämmerlicht.
Das alte Jahr, das bald entschwinden soll,
zeigt nun sein müdes graues Angesicht.

Wie traurig ist es, lang verbraucht, verdrossen,
mit Regentränen, die unhaltbar fließen,
betrauert Wachstum es, längst abgeschlossen,
die grünen Blätter, die schon nicht mehr sprießen.

Es gibt sich Mühe, will nicht gehen,
kann nicht von seiner Lebensbühne weichen,
im weißen Pelz ein Weilchen noch bestehen,
will bis zum Schluss, Bewunderung erreichen.

Am letzten Tag, bevor es geht, das alte Jahr,
soll eine Abschiedsfeier hier, sein Sein beschließen.
Zum letzten Mal wird prächtig es und wunderbar,
mit Feuerwerk sein Ende,
und das neue Jahr begrüßen.

Adventskalender

Wir trennen uns von dir mit Frieden,

Kalender, der die Weihnacht brachte.

Von all den Tagen, so verschieden,

wie sie auch waren, Freude machte.

Lang währte hier dein Dasein nicht,

nur ganze vierundzwanzig Tage.

Doch brachtest du das Weihnachtslicht,

das uns nun aus dem Dunkel trage.

Leb wohl jetzt, bis nach vielen Tagen,

du wiederkommst dann im Advent,

wo du uns wirst, entgegentragen,

dem Fest, das jeder Weih - nacht nennt.

Wintersonne

Wintersonne lacht auf starre Frostgebilde,
lässt sie leuchten hell in ihrem Licht.
Dabei weht der kalte Wind durch die Gefilde,
duldet ihrer Strahlen Wärme nicht.

Er verwirbelt Schnee, wie tanzende Gesellen,
pustet ihn, wie einen Vorhang hoch.
Häuft an andrer Stelle ihn zu hohen Wellen,
Wintersonne lacht dazu auch noch.

Warte Sonne, dir wird Lachen bald vergehen,
ferne Wolken schlucken dir dein Licht..
Sie verkünden Neuschnee, du wirst sehen,
sie verdecken dir bald dein Gesicht.

Trotzdem, lass dein Winterlachen nicht verschwinden,
übe es nur bis zur Frühlingszeit.
Wenn wir dich Frühling lachend finden,
hast du uns von Schnee und Frost befreit.

Komm hervor

Leuchtelämpchen, Strahlestern.
Hast du Angst? Das brauchst du nicht.
Streue Himmelslicht von fern,
nimm den Schatten vom Gesicht.

Schäfchenwölkchen, Pausebäckchen,
kamst von ungefähr daher,
hinter deinem Wattejäckchen,
sieht man keine Sterne mehr.

Komm hervor, du kannst es wagen,
lass das Wölkchen weiter ziehn,
du sollst meine Hoffnung tragen,
hüte sie, lass sie nicht fliehn.

Blinkelämpchen, Blinzelblick,
schick mir einen Lichterregen,
komme schnell zu mir zurück,
schenk mir deinen Sternensegen.

Komm

Wintergrau und Kälteschauer,

Schneegestöber, Windgebraus,

Dunkel, draußen auf der Lauer,

komm zu mir, geh nicht hinaus.

Dort in Kerzenlicht und Schummer,

kuschelige Traulichkeit.

Kachelofen, Feuerbrummer,

drängt die Kälte aus der Zeit.

Miteinander Schönes hören,

treiben lassen auf den Tönen,

ganz allein, nichts soll uns stören.

Komm zu mir, lass dich verwöhnen.

Nebel

Konturen blass verschwommen,

fast unsichtbar die Bäume.

Und nur ganz in der näh,

die Tanne klar, doch unter dickem Schnee.

Die Berge hat der Nebel fortgenommen.

Er hat das Licht getrunken.

Nur Schimmern auf dem Eis,

ringsum kein Licht aus einem Fenster.

Diffuser Schein, Gestalten wie Gespenster,

wie Nebelgeister, die im Dunst versunken.

Geräusche stumpf und dunkel,

ganz ohne hellen Ton,

gedämpfter, dumpfer Klang.

Du, feuchter Schleier, zieh das Tal entlang,

lass uns den hellen Schnee im Lichtgefunkel.

Wuselig

Was wuselt denn vor meinem Fenster?
Es huscht und fliegt, kommt aus der Ferne.
Sind das vielleicht schon Nachtgespenster?
Nein, es sind viele kleine Sterne.

Sie purzeln, schweben hoch und nieder,
und drehen lustig sich im Kreis,
sie gehen und sie kommen wieder,
man hört sie nicht, sie sind ganz leis.

Mal tanzen sie den Sternenreigen,
mal lassen sie vom Wind sich tragen,
dann wieder abwärts sie sich neigen,
bevor sie einen Salto wagen.

So einen Stern wollt' ich gern haben,
hab mir gleich einen eingefangen,
um in der Hand ihn fortzutragen.
Da ist er einfach so zergangen.

Wechselhaft

Weihnachtstraum, wohin bist du.
Wo sind deine hellen Lichter,
all` die freudigen Gesichter,
Tannenbaum und sel`ge Ruh.

Hast nicht lange dich verweilt.
Zeit hat dich, verweht wie Rauch.
Flüchtig, wie ein zarter Hauch,
bist du mir davongeeilt.

Traurig nadeln Glanz und Pracht,
Stück für Stück der Dürre zu.
Weihnachtsbaum, wie grau bist du,
hast die Kerzen ausgemacht.

Auch das Jahr hat jetzt genug,
sehnt sich nun sein Ende her,
haucht, es braucht sonst garnichts mehr,
seinen letzten Atemzug.

Gleich, mit Jubel und Geschrei,
ist bereit ein neues Jahr.
Doch wir wissen erst, wie`s war,
wenn auch dieses Jahr vorbei.

Der Schnee von gestern

Weine nicht, du Schnee von gestern,
deine Zeit ist nun dahin,
werdet Wasser - Brüder, Schwestern,
ihr könnt in die Ferne zieh'n.

Ihr müsst euch hinweg begeben,
eure Tage sind gezählt,
es ist aus mit eurem Leben,
wisst, dass keinem ihr mehr fehlt.

Eure Pracht hat sich gewandelt,
unschuldsweiß seid ihr nicht mehr,
Winter ist schon abgehandelt,
dass ihr geht, fällt niemand schwer.

Ihr müsst nun zu andren Orten,
wo ihr sehr willkommen seid.
Frühling schließt die Winterpforten,
sorgt, dass es bald nicht mehr schneit!

Eure Zeit wird wieder kommen,
hier, doch nur zur Winterzeit,
wenn der Herbst das Grün genommen,
und der Schnee die Kinder freut.

Reif

Der Weihnachtshauch bereift den Wald,
schmückt ihn mit tausenden Kristallen.
Die Sonne strahlt ihn an und bald,
kann sie in lauter Spiegel fallen.

Auch viele kleine zarte Flöckchen
verzaubern draußen jeden Baum.
Sie liebt die weißen Glitzerröckchen,
den silberhellen Wintertraum.

Mit Wärme hält sie sich zurück,
die würde nur die Pracht zerstören,
wobei die Spiegel Stück für Stück,
den weißen Glitzerglanz verlören.

Dem Nass sie hier das Sein verwehrt,
denn Regen lässt das Weiß zerrinnen.
Wenn er ihr diesen Glanz versehrt,
was sollte sie denn dann beginnen?

Sie kann nur auf die Kälte bauen,
denn diese ist die erste Wahl.
Wenn sie verhindert, Weihnachtstauen,
bleibt ihr das strahlend weiße Tal.

So hofft sie, wie in jedem Jahr,
auf Schnee und Reif, auf Busch und Strauch,
doch wenn das Hoffen nutzlos war,
dann träumt sie sich den Weihnachtshauch.

Schneekissen

Noch herrscht der Winter streng und kalt,
er hat auf Busch und Baum zur Nacht,
als Zeichen seiner Allgewalt,
den Schnee wie Kissen angebracht.

Sie türmen sich als weiße Last,
auf alles, was im Wege steht,
und brechen manchen schwachen Ast,
so lange, bis der Schnee vergeht.

Was kann, versteckt sich vor dem Wogen,
das neue Werden zu behüten.
Hat dann der Winter sich verzogen,
erwachen neue Lebensblüten.

Winter

Liegt zwischen Herbst und Frühling
draußen Schnee, der frostig kalt,
ganz ohne Gnade sich in unsre armen Nasen krallt,
dann zieht es uns in unsre warmen, gut geheizten Stuben,
gemütlich kuscheln wir uns dort in weiche Kissengruben.

Gespräche, lang versäumtes Beieinander
wird gepflegt, das Trennende im Handumdrehen,
ruhig beigelegt. Das Ungesagte einmal ausgesprochen, ohne Scheu,
Gefühle eingestanden, einem selber fremd und neu.

Die Kinder heimgekehrt vom Rodeln, Schlittschuh fahren,
sie tragen noch den reinen Duft des Schnees in ihren Haaren.
ihr Freuen über tausend weiße Glitzersterne
ist wunderbar, trotz aller Kälte, sie ertragen's gerne.

Es ist ein Eigenes an dieser schummerigen Zeit,
man spürt nichts von dem neuen Frühling der doch nicht so weit.
Nur mildes Kerzenlicht die lange Dunkelheit erhellt.
Es führt uns tröstend durch den dunklen Winterschlaf der Welt.

Schnee

Schnee bedeckt die weiten Felder,
hüllt die Welt in Sterne ein.
Er verzaubert Busch und Wälder,
lässt sie weiß und glitzernd sein.

Dächer tragen Wattemützen,
Straßen, Gärten, alles weiß.
Selbst auf Hagebutten sitzen
Käppchen ganz aus Schnee und Eis.

Wege sind nicht mehr zu sehen.
auch nicht mehr das dürre Laub.
Er wird nicht so schnell vergehen,
dieser Pelz aus Sternenstaub.

Lang wird dieser Schnee wohl bleiben,
zeigen, was er sonst noch kann.
Seine Flockensterne treiben
still im Winterwind voran.

Wintersonne

Wintersonne, streust uns Diamanten auf den Schnee,
Kaskaden Lichtgefunkel, lösen dunkle Schatten.
Ganz hell ist alles, was ich heute ringsum seh
und Vieles, das im Dunkel wir noch nicht gesehen hatten.

Die Bäume tragen warme, kuschlig, weiche Pelzkapuzen,
das Gras erblüht, schmückt sich mit Blüten wie Kristall
Zu Eis gefror`ne Pfützen kann man heut als Spiegel nutzen
Eiszapfen hängen tropfend von den Dächern, überall.

Solange Winterfrost und Kälte hier noch residieren
kann dieses Schönheitslicht der Wintersonne Zauber sein,
doch auch der Winter hier wird seine Kraft verlieren
er tropft und rinnt davon, flieht bald der Sonne Schein.

Die kalte Schönheit, diese Pracht, ist sie zerflossen,
räumt dann nur einem andren Zauber seinen Platz,
bald werden bunte Blütenträume uns erschlossen.
Der Frühling schenkt uns lächelnd seinen großen Schatz.

Der erste Schnee

Heut morgen hat der erste Schnee
auf meinem Fensterbrett gelegen,
wie Puder auf die Welt gestreut.
Ein glitzernd, kalter Flockenregen,
macht weiße Wiesen, wie ein See.

Hat jeden Halm, Gesträuch und Baum
mit hellem Winterpelz geschmückt,
mit funkelndem Geschmeide,
und Käppchen mit Kristall bestickt,
das Kleid trägt einen weißen Saum.

Die kalte Pracht ist sehr fragil,
vergeht, wenn Sonne darauf scheint.
Dann fließt die Schönheit schnell hinaus.
Auch wenn sie dabei Tränen weint,
sie schmilzt dahin, es bleibt nicht viel.

Erhoffen

Silbersterne, goldne Lichter,

draußen Schnee, der alles deckt.

Viele frohe Lachgesichter,

Päckchen heimlich gut versteckt.

Glöckchenläuten, Nelkenduft,

ein Verführen und Erhoffen,

horchen, ob das Christkind ruft,

Herzen, die für Wunder offen.

Wehmut, Trauer, Kinderlachen,

von Gefühlen übermannt.

Alles so, wie früher machen,

oder neu und unbekannt?

Fest der Liebe, bring das Licht,

in die Tage, in die Herzen,

schenke, was uns Trost verspricht,

leuchte uns mit Wunderkerzen.

Traumflüge

Behütet

Behütest meine Träume, Kind,
du meines Lebens Halt und Sinn.
Egal, wie sie gewesen sind,
trägst du Verluste und Gewinn.

Gibst meinen Träumen Sicherheit.
Du bist ihr Schutz und lässt sie sein.
Hast sie behütet lange Zeit
wie du mein Kind, sind sie nur mein.

Hab euch getragen durch das Leben.
Mein inn'res Kind, bist du soweit,
die Träume mir zurückzugeben?
Dann gib sie mir, ich bin bereit.

Ein schöner Traum

Ich träumte einmal einen schönen Traum,
von Freundschaft, miteinander Gutes tun,
von einem ungewöhnlich, hellen Raum,
in dem die wunderbarsten Gaben ruhn.

Wir konnten frei darin uns offenbaren,
entfalten, was schon lang in uns geruht,
wo wir so freundlich miteinander waren,
und was wir dort gemacht, war wirklich gut.

Der Raum, er konnte sich nicht halten,
wie eine Seifenblase platzte er dahin.
Er hielt nicht aus, die äußeren Gewalten,
und so entschwand er, ohne Zweck und Sinn.

Von diesem Traum bin ich heut früh erwacht,
nicht einmal Trümmer waren mir geblieben,
es war, als hätte keiner was gemacht,
mein Traum ist einfach so ins Nichts getrieben.

Jedoch ein neuer Traum ist aufgeblüht,
Verbundenes wird weiter sich verbinden,
die Hoffnung uns zu neuen Ufern zieht,
wenn wir den Fluss gemeinsam überwinden.

Blaue Stunde

Komm, blaue Stunde lösch das Licht,
der Tag ist ausgeklungen.
Soeben hat im Mondenlicht,
die Nachtigall gesungen.

Ersehnte Nacht, bring mir die Ruh,
nimm mich auf deine Schwingen,
lass süße Träume noch dazu,
mir Seligkeiten bringen.

Besänftige was mich bedrückt,
lass mich im Schlaf entschweben.
Von Tag und Wirklichkeit entrückt,
will ich dich Nacht, erleben.

Behüterin Nacht

Du Nacht, Behüterin, Erlöserin, Verschwörerin,
deckst alles, Traurigkeit, auch gut und böse leise zu.
Dein Kleid aus blauem, weichem Samt,
die Spitzenschleier diamantbestickt mit Sternenlicht.
In deine lange Schleppe Lebensträume eingewoben,
ziehst du Vergessen schenkend über uns dahin.

Der Himmel ganz mit deiner Dunkelheit bedeckt,
auf deinem stolzen Haupt die Sichelkrone
aus strahlend hellem Himmelsgold,
schenkst du den Frieden uns, für diese Nacht.
Mit deinem liebevollen Kuss, der niedersinkt,
befreist du jede Seele, die sich dir entgegenreckt.

Die Träume, unter deinen Schwingen gut verborgen,
du lässt sie ziehen, Schläfer sanft zu trösten.
Sie schweben heilend nun herab, verheißen neues Glück.
In jeden Schlaf verwoben sind sie Lebensboten.
Erst wenn dein Schleier angehoben, werden sie zurückgerufen,
um dir zu folgen, denn es naht ein neuer Morgen.

Abendhauch

Leichter Abendhauch weht über allen Straßen,

kühle Nebel wehen Schleier drüber hin.

Heute, das wir abgeworfen, halb vergaßen,

kannst mit den Tagessorgen ins Erinnern ziehn.

Lass das Wohlbehagen nun ins Zimmer treten,

mach, dass alle Schwere von den Müden weicht,

lös die Seelen jetzt von dieses Tages Nöten,

wisch die Schemen fort, dass uns der Schlaf erreicht.

Tröste, die alleine sind und längst verlassen,

leite sie in einen sanften Freudentraum,

wehe Abendhauch, durch längst verlass'ne Gassen,

schüttle jedem einen Traum vom Träumebaum.

Wege der Nacht

Ganz langsam schleicht sich heimlich dunkle Nacht heran,

das Tagesbunt entschwindet zögerlich dem Blick,

der Abend legt den grauen Schleier an,

den erst das Morgenleuchten wieder zieht zurück.

Die Nacht hat ihre eigene Palette,

auf ihrem dunklen Samt liegt goldnes Glänzen,

als wäre jedes Licht eine Paillette,

die glitzert am Gewand bei Sternentänzen.

Der Mond, er weist den Träumen ihre Bahnen,

wenn sie im Dunkel durch den Himmel schweifen.

Sein Licht lässt ihre Wege nur erahnen,

mit Wundern, die durch müde Seelen streifen.

Vergessen bringt der Schlaf für ein paar Stunden,

Erlösung von des Tages Hast und Eilen.

Mit einem Traum hat er sich eingefunden,

wird bis zur Morgendämmerung verweilen.

Abendrot

Du, Abendrot, du leuchtest rosig in die Zeit.

Dein Schein macht alles sanft und feierlich,

die Sonne geht auf Wegen, fern und weit,

die Nacht kommt leise,

Träume nahen sich.

Wir haben diesen Tag uns abgemüht,

sind lebenssatt von ihm geworden.

Als Gruß sind Wolkenrosen, sanft erblüht,

mit ihrem Rot zieht unser Licht

nach Norden.

Die Nacht folgt seinen Spuren leise,

bringt Ruhe, lässt die Müdigkeit vergehn,

schickt uns mit Träumen auf die Reise,

bis wir den rosa Morgengruß

am Himmel sehn.

Dämmerung

Eben zog sich noch des Himmels
Nachtkleid weithin über alle Welt,
nun Verblassen, Sterne schwinden,
leise, heimlich, Nacht zerfällt.
Alles was wir sehen können,
scheint nun blässlich, leblos, grau,
Blütenfarben und Konturen,
wie verwischt und ungenau.
Da kommt hell am Horizont,
schon erstes Morgenleuchten auf,
malt am Tageskleid der Welt
aus hellblau, rosa Streifen auf.
Bunte Farben tupfen Leben
in das erste Tageslicht,
heißen diesen Tag willkommen,
der die Dunkelheit durchbricht.
Alles, was auf dieser Erde lebt
und weiterwachsen muss,
braucht den Tag, das Licht, die Sonne,
auch mal einen Regenguss.
Bringt die Dämmerung die Nacht,
kehrt auch Ruhe wieder ein,
überlässt dem Schlaf die Macht
bis zum Morgensonnenschein.

Du Abendrot

Mein Abendrot, wie färbst du mir den Wald?
Machst seine grünen Blätter braun und tot,
doch gehst du, schwindet diese Farbe bald,
der Wald ergrünt, nur Wolkensäume sind noch rot.

Du Dämmerung, du schluckst das Tageslicht,
und wieder werden Farben weggewischt.
Sie werden alle matt und leuchten nicht,
als wäre ihnen lauter Schwärze zugemischt.

Du Nacht, dein Mantel löscht die Farben aus,
streut Sternengold am weiten Himmel hin,
und sendet Farbenträume uns hinaus,
die alle Sorgen mit sich ins Vergessen ziehn.

Du Morgenrot, du lässt die Wolken glühn,
bringst wieder, was wir an die Nacht verschenkt,
lässt bunte Farben in der Welt erblühn,
hast alle Düsternis in Dunkelheit versenkt.

Heilung

Schließ deine müden Augen zu,

lass dich von Wunderträumen wiegen.

Der Mond, die Sterne schauen zu,

wie deine Wünsche Flügel kriegen.

Sie tragen dich mit leichtem Schwung,

da hin wo deine Liebe weilt,

und wo dann die Erinnerung

dir deine Sehnsuchtsschmerzen heilt.

Danke

Gute Nacht will ich nun sagen.

Danke für den schönen Tag.

Alles was wir heut getragen,

diese Nacht uns nehmen mag.

Dass dann, wenn wir früh erwachen,

jeder ausgeschlafen hat,

ohne Bürde und mit Lachen,

macht sich auf zu neuer Tat.

Träumen

Du träumst so schön,
lässt dich vom Wind in Welten treiben,
die weit und unermesslich sind,
musst nicht im Erdenschatten bleiben.

Du fliegst so hoch,
wirst bis ins Sternenleuchten schweben,
auf Flügeln ausgebreitet, frei,
aus dunklen Zeiten dich erheben.

Du bist so fern,
lass mich im Traum dich wieder finden,
und meine Flügel werden sich,
mit deinen, traumhaft, zart verbinden.

Du schwebst davon,
ganz leicht und ohne Erdensorgen,
lass dich verwehn, wohin du musst,
im Traum flieg ich dir zu, schon morgen.

Lebensträume

Träume, Kinder der Hoffnung
immer einen Schritt voraus,
schwer zu erreichen, leicht verloren,
verlocken, sehen wie die Zukunft aus,

Oft aus tiefster Not geboren,
manchmal aus Vermessenheit.
Sie ziehen uns, Magneten gleich
durch unser Leben, unsre Zeit.

Gelingt es aber einen Traum zu fassen,
zerplatzt er oftmals und entflieht ins Nichts.
Da wird uns gleich ein neuer Hoffnungstraum entlassen,
als eine schöne Illusion des Lichts.

Wenn einstens einmal alle Träume schwinden,
weil jede Hoffnung schon gegangen ist,
und nirgendwo ist mehr ein Traum zu finden,
dann endet unsre Erdenfrist.

Last

Schon wieder ist die Nacht gekommen,
hat samten vielen Jammer zugedeckt,
mit Schlaf den herben Kummer weggenommen,
ihn unter bunten Träumen sanft versteckt.
Doch wenn der Schlaf nicht kommen kann,
weil er nur Hindernisse vor sich sieht,
in der Vision voll Angst, der schwarze Mann,
der Hoffnungslosigkeit, durch die Gedanken zieht.
Dann liegst du weinend in den weichen Kissen,
siehst keinen Ausweg vor der grauen Mauer,
und glaubst du würdest hinter ihr
verhungern müssen,
weil tausend Schreckgespenster
draußen auf der Lauer.
Die vielen Tränen die du in der Nacht geweint,
die Ängste, die du zitternd ausgestanden hast,
sind plötzlich, wenn der helle Tag erscheint,
nicht mehr unüberwindlich schwere Last.
Du sichtest nüchtern dein Problempaket,
fängst deinen Hoffnungskoffer auszupacken an
und wirfst, was du nicht brauchst so weit es geht,
damit du schlafen kannst,
kommt eine neue Nacht heran.

Der Schläfer

Seid leise stört den Schläfer nicht,
er ruht in Morpheus Armen aus.
Mit ihm fliegt er auf leisen Schwingen
in sanftem Träumen weit hinaus,
geborgen bis zum Morgenlicht.

Die Schwere hat ihn längst verlassen,
sonst könnte er sich nicht erheben,
er will mit seinen Träumen fliegen,
dabei die Leichtigkeit erleben
und die Unendlichkeit erfassen.

Ganz sanft bringt Morpheus ihn nach Haus,
lässt ihn aus seinen Armen gleiten.
Die Träume sinken ins Vergessen,
in unermesslich ferne Weiten,
in andre Welten nun hinaus.

Morgenwelt

Zarte Lüfte, Schleier wehen,

Dunst liegt über allen Bäumen.

Nebelhaft sind sie zu sehen,

so, als würde ich noch träumen.

Weiße Schleier schweben winkend,

auf und nieder, wie im Tanz,

dann, als Tau herniedersinkend,

spiegeln sie der Sonne Glanz.

Er streut seine Tropfgebilde

hell auf Diamantenart

über Blüten, Blatt, Gefilde,

auf die Spinnennetze zart.

Alles glitzert, leuchtet Leben

in die Morgenwelt hinein.

Heute, zauberhaft gegeben,

wird ein Freudentag uns sein.

Gedankenspiele

Das Leben

Wir fragen oft:" Was ist das Leben?

Doch keiner weiß es, gibt uns da Bescheid.

Es bleibt uns nur zu tragen was uns aufgegeben

und ohne Antwort fort zu wandern,

ist der Weg auch weit.

Erst wenn das Ziel erreicht ist

und wir von der Erde gehen,

die Ewigkeit uns von der Erdenlast befreit,

dann einmal werden wir in Wahrheit sehen,

dass unser ganzes, langes Leben

nur ein Tropfen war, im Meer der Ewigkeit.

Der große Wagen

Ich bin ein wenig in die Nacht gegangen,
die Düfte der Natur hab ich mir eingesogen.
Der Stille tiefen Frieden in mich eingefangen,
beruhigt waren, laute, wilde Tageswogen.

Den Himmel klar, mit Sternen ganz bedeckt,
hab ich ihn mir versunken angeschaut,
dabei den großen Wagen über mir entdeckt,
er fährt dahin, bis früh der Morgen graut.

Ich dachte mir, er könnte mich entführen,
zu einer Reise übers Firmament,
die Erdenschwere würde ich verlieren,
kein Himmelsreisender, die Schwernis kennt.

Doch er ist hoch am Himmel stehn geblieben.
Ich musste bleiben, konnt nicht mit ihm ziehn.
Den Sternenhimmelswagen werd ich immer lieben,
fährt er auch ohne mich, blick ich hinauf, bewundre ihn.

Die Gedankenspinne

Ich bin die Gedankenspinne,

spinne Fäden, zum Vergnügen.

Seide um Gedankenketten

aufzufädeln und zu retten.

Meine Fäden müssen halten.

Kommen schwere Worte an,

nehme ich die Seide doppelt,

ist's zu schwer, wird abgekoppelt.

Manchmal ist das Spinnen leicht,

dann auch wieder stockt der Faden,

krieg den Anfang nicht zu fassen.

Muss es lassen, einfach passen.

Wenn es klappt, Gedanken fließen,

spinn ich weiter ohne Pause,

meinen Spinnenseidenfaden.

Spinn doch mit, bist eingeladen.

Start

Bleiern langsam tickt die Stille,

dumpf das Licht, die Farben grau,

freudlos ohne Wunsch und Wille

schleicht sie sich, die Stundenfrau.

Schleicht Sekunde, wie Minute,

aneinander festgeklebt,

langsam auf der Uhrenrunde.

Nichts als Ticken, was da lebt.

Müde Zeiger schleppen Schwere,

langsam durch die trübe Zeit,

viele tausend Stundenheere,

sind zu kommen noch bereit.

Lang hab ich auf ihn gewartet,

diesen einen Augenblick,

der mich mitnimmt, mit mir startet.

Zeit, lass ich für euch zurück.

Raum und Zeit

Wenn ich in den Himmel schaue,
ziehen Wolken über`s Blau,
angestrahlt von heller Sonne,
leuchtend weiß, am Rande grau.

Sehe nicht, die vielen Welten,
nicht, was in den Räumen schwebt,
weiß nicht ob vielleicht da droben,
eine wache Seele lebt..

Ich bin sicher, dass das Wissen,
massenhaft im Orbit treibt.
Soll es ungenutzt vergehen?
Halt es, dass es bei dir bleibt.

Leises, Lautes, Unbekanntes
ist in Raum und Zeit zu finden,
Schwingungen, die Unsichtbares,
miteinander fest verbinden.

Lass die Träume dorthin fliegen,
ihre Flügel voll entfalten,
was sie dir zu Füßen legen,
nimm es, um es zu behalten.

Eigentum

Mein Eigentum sind die Gefühle,
die kann mir niemals jemand rauben.
Auch wenn ich Hab und Gut verspiele,
werd ich an ihre Botschaft glauben.

Ich kann sie nicht im Pfandhaus lassen,
und niemals würd ich sie verkaufen,
mit den Gefühlen kann ich prassen,
könnt manchmal im Gefühl ersaufen.

Sie sind mir sehr viel wert, seit je,
ich führe sie mit mir spazieren.
Und wenn ich selbst verloren geh,
Gefühle will ich nicht verlieren.

Für mich sind sie mein größter Schatz,
Gefühllos brauch ich niemals sein.
Tief drin im Herzen ist ihr Platz,
gehören mir dort, ganz allein.

Eingegraben

Worte hüpfen, Worte schleichen,

können lachen oder weinen,

zärtlich schmeicheln, auch nichts sagen,

hart und heftig um sich schlagen,

alle müssen wir ertragen.

Sind sie erst mal ausgesprochen,

ob gerufen, ob gesäuselt,

kriechen sie zu unsrer Qual,

tief hinein ins Seelental,

werden zum - Es war einmal -.

Ihre Schatten aber bleiben,

dunkeln unser Seelenlicht.

Sind für alle Zeit gegeben,

eingegraben sind sie eben,

tragen muss sie jedes Leben.

Mein Blick

Verschließe dich nicht vor dem Unbequemen,
nimm wahr, was jeder sehen kann.
Das Unrecht nimm, mit all dem Schönen
was dir geschieht, mit wachem Blicke an.

Kein Blick zurück in die Vergangenheiten,
lass ruhen, was gewesen ist.
Erwecke nicht die Traurigkeiten,
schau vorwärts, dass du gegenwärtig bist.

Den Schleier nimm von deinen Augenblicken,
lass dich in Klarheit alles sehn.
Du lernst, dich in das Los zu schicken,
dass alles schwindet beim Vorübergehn.

Mein Blick bist du, mein schauender Begleiter,
seibst tränenblind hast du gesehn.
Wie es auch war, du blicktest weiter,
und ließest keinen Augenblick vergehn.

Fontäne

Helle Tröpfchen spielen Fangen,

tanzen, hüpfen, perlen, springen.

hoch zum Himmel zu gelangen,

das soll endlich mal gelingen.

Immer wieder zieht die Schwere,

sie zurück vom aufwärts fliegen,

oben fehlen Tropfenmeere,

könnt nur trockne Füße kriegen.

Wasserzauber, Springfontänen,

glänzen in den Sonnenstrahlen,

leuchten bunt, wie Elfentränen,

die in Lüfte Zauber malen.

Wasserspringer auf und nieder,

Schönheitsperlen aus Kristallen,

habt nicht Flügel noch Gefieder,

in die Schwere müsst ihr fallen.

Frieden

Mir hat von einer Welt geträumt,
in der sich alle gut verstanden,
wo jeder hatte, was er braucht.
Das Unrecht war da nicht vorhanden.

Da fühlte ich mich wohl und froh.
Bei Menschen, die zusammen lachten,
sie sangen sich die Seele frei,
bei ihrer Arbeit, die sie machten.

Die Kinder waren höchstes Gut,
für keines gab es Not und Leid,
und jedes war gesund und satt,
die Eltern hatten für sie Zeit.

Da bin ich plötzlich aufgewacht,
das Lächeln schwand mir vom Gesicht,
der schöne Traum war mir entflohn,
er folgte in mein Leben nicht.

Warum kann man nicht Träume leben,
Hält sie die Not vom Hier zurück,
wird es denn niemals Frieden geben,
für alle Menschen Lebensglück?

Der Augenblick

Nur ein ganz kleiner Augenblick

bringt rätselhaftes Sein.

Er schafft es, in nur einem Augenblick,

ein Wesen aus dem Nichts zu heben.

Und so wie es geschaffen wurde,

geht es nun allein,

bis es in einem kleinen Augenblick

ins Nichts versinkt,

nach einem langen Leben.

Die vielen Augenblicke,

die dazwischen liegen,

bescheren allen Wesen dann ein Leben,

das nur allein für sie bestimmt,

auch seine Frist.

Erst wenn der letzte Augenblick gekommen,

weiß man ob dieser erste Augenblick,

die vielen Augenblicke wert gewesen ist.

Mein Lied

Mein Lied ist keine Sinfonie,
kein großes Werk, ein Liedchen eben.
Wie es sich anhört, weiß ich nie,
es geht halt mit mir durch mein Leben.

Es ist gestimmt nach meinem Sinn,
klingt tief in mir, begleitet mich,
und wenn ich einmal traurig bin,
klingt es den Kummer fort mit sich.

In meinen frühen Jugendtagen,
da war es leicht und unbeschwert,
doch musste man sich manchmal fragen,
in welcher Tonart man es hört.

So ging mein Leben immer weiter,
manchmal in Dur, manchmal in Moll,
mal traurig und dann wieder heiter,
es wusste oft nicht, was es soll.

Jetzt in des Lebensherbstes Tagen
klingt immer noch das gleiche Lied.
es bleibt sich gleich, ich kann nur sagen,
dass es am Ende mit mir zieht.

Begleiter

Begleiter du, auf allen Wegen,

bist mir ganz nah und immer treu.

Mein Schatz bist du, mein größter Segen,

erfindest selbst dich immer neu.

Bist Sonne mir und Frühlingsregen.

Du brauchst dich nirgendwo genieren,

hast mich gerettet, oft aus Not.

möcht dich im Leben nie verlieren,

wenn du nicht wärest, wär ich tot.

Das soll mir nicht so schnell passieren.

Dein Dasein macht mich froh und heiter,

durch dich mach ich mich offenbar.

Nur du sollst bei mir bleiben weiter,

wie schon in manch vergang'nem Jahr.

Mein Schatz der Worte, mein Begleiter.

Morgen

Morgen wird die Sonne scheinen,
morgen machen wir uns schön,
morgen wirst du nicht mehr weinen,
weil wir in den Zirkus gehen.

morgen gehn wir ins Theater,
morgen hab ich für dich Zeit,
morgen hast du mich als Vater,
morgen wandern wir ganz weit.

morgen darfst du dir was kaufen,
morgen hab ich dafür Geld,
morgen brauchst du nicht zu laufen,
morgen fahrn wir durch die Welt.

Immer wieder heißt es morgen,
warte nur, bald ists soweit,
mach dir bitte keine Sorgen,
heute hab ich für dich Zeit.

Träumend gemacht

Mir gehört ein warmes Haus,

angefüllt mit meinen Träumen,

behutsam, freudig eingetragen,

auch Lachen, Weinen, Zaudern, Zagen,

geh oft hinein, um ich zu sein.

Spinn mich dort ein.

Träume mir ein weiches Kissen,

sinke in Gedanken ein,

folg dem Herzen, fühl es schlagen,

heile, was verwundet war.

Lass mich tragen, träum mich frei,

ich lach dabei.

Dieses Haus ist meine Klause,

mein Zuhause, mein Exil.

Lebe dort mit den Geschichten,

zugeflogen, eingesogen.

Mit den Phantasiegedichten,

schwebend erdacht, träumend gemacht.

Wahrheit

Die Wahrheit zeigt sich selten unverhüllt,
sie wechselt ihr Erscheinen, wie sie will,
ihr glattes Kleid wird schmählich oft zerknüllt,
sie selber totgeschwiegen, bis sie still.

Ist der im Recht, der laut von ihr verkündet,
der sich für sie in wilde Kämpfe schmeißt,
und jener, der sich vor Erkenntnis windet,
mal einfach alle andern Lügner heißt?

Gibt es nur eine Wahrheit oder viele,
kommt es vielleicht auf eine Stelle an,
von der aus man betrachtet ihre Ziele,
ist an der Wahrheit auch die Wahrheit dran?

Kann man sie nur von einer Seite sehen?
Zeigt sie sich gleich, egal, von wo man schaut?
Kann jeder eine Wahrheit gleich verstehen?
Hat jeder Recht, der sich in Wahrheit traut?

Die Wahrheit lässt sich strecken, biegen,
auf jeden Fall wird das sehr oft versucht.
Was wir am Ende von der Wahrheit kriegen,
hat mancher Mensch, in Wahrheit schon verflucht.

Wege

Wege führen in die Weite,
und am Anfang weiß er nicht,
rechte oder linke Seite,
Straße oder einfach schlicht.

Welchen Weg sich jemand wählte,
kann er erst am Ende sehn.
Selbst wenn er die Schritte zählte,
muss er bis zu Ende gehn.

Geht es aufwärts, geht es eben,
oder geht es gar hinab?
Immer gilt's den Fuß zu heben,
Schritt für Schritt im leichten Trab.

Geht er langsam, oder schneller,
macht gar einen Dauerlauf,
wird es dunkel, oder heller,
erst am Ziel hört er dann auf.

Welchen Weg er auch genommen
ohne Mühe, oder viel,
er hat einen Weg bekommen,
der ihn führt zu seinem Ziel.

Humoriges

Das Vermächtnis

Ein Mensch möcht, wenn er hier verschwindet,
den Seinen etwas hinterlassen,
und hofft, dass sich was Schönes findet,
das für die Nachwelt würde passen.

Natürlich müsste dieses Erbe
schon etwas ganz Besond'res sein,
von Wert, dass er nicht nutzlos sterbe,
doch fällt ihm grade jetzt nichts ein.

Das Konto plündern wäre kläglich,
denn chronisch herrscht die Ebbe dort.
Er prüft den Kontoauszug täglich,
wie immer ist dort alles fort.

Viel besser ist das Ideelle,
davon hat er ja noch genug.
Da kann er schenken auf die Schnelle
und das hat dann auch noch Bezug.

Er denkt: „ Ich könnte ja was schreiben,
genial in ferne Zukunft weisen.
Das würde wohl für immer bleiben,
sie würden mich dann posthum preisen."

Gleich nimmt er sich ein Blatt Papier
um schnell die Weisheit zu erfassen,
doch noch nach Stunden sitzt er hier,
der kluge Geist hat ihn verlassen.

Der Mensch will aber nicht erliegen:
„Ich schreibt jetzt eben ein Gedicht.
Die Worte in den Reim zu kriegen
ist doch die schwerste Sache nicht."

So sitzt er wieder vor dem Blatt
und hofft auf einer Muse Kuss,
doch alles, was er leider hat,
ist Schlaf. Er macht für heute Schluss.

Am Morgen nach genoss'ner Ruh,
fühlt er sich wieder frisch und munter,

denkt: „ Heute mach ich aber zu,
ich schreib mal schnell die Verse runter."

Er setzt sich wieder vor das Blatt
und wirklich es ist wie verhext,
sobald er einen Schreibstift hat,
hat er dann wieder keinen Text.

Er sagt sich: „Ich schreib' 'ne Geschichte,
das geht auch leichter von der Hand.
Es muss nicht sein, dass ich was dichte,
Geschichten werden auch bekannt."

So sitzt er da seit ein paar Stunden.
Geschichten fallen ihm schon ein,
doch die hat er gedruckt gefunden.
Die müssen aus der Zeitung sein.

Er gähnt und brummt: „Was soll ich schreiben,
wenn ich mich damit plagen muss.
Ich werd bei einer Karte bleiben
mit einem Bild und einem Gruß."

Das Dings

Sicher kennt ihr auch das Dings,
mir ist es schon oft begegnet.
Ach, das Dings so heißt es rings,
es sei tausendmal gesegnet.
Immer ist es gleich zur Stelle,
Dings wird jederzeit gebraucht,
es ist da, ganz auf die Schnelle,
wenn das Denkvermögen taucht.
Dings erspart uns nachzudenken,
es ersetzt, was man nicht weiß,
Dings kann man ja auch verschenken,
Dings ersetzt sogar den Preis.
Weiß man nicht die Frau zu nennen,
eine Dings ist sicher richtig.
Sie wird sich schon selber kennen
und das ist vor allem wichtig.
Auch beim Kochen ist es ähnlich,
nimmt man Dings ans Essen dran,
schmeckt es dann nicht wie gewöhnlch,
war ein falsches Dings daran.
Nur beim Lieben ists unmöglich,
dass man Dings als Wort gebraucht.
Die Verwirrung wär unsäglich,
Liebesdings im Dings verraucht.

Zettelwirtschaft

Einen Zettel nur zum Schmieren
brauch ich, und noch was zum Schreiben.
Dringend muss ich mir's notieren.
Im Gedächtnis wills nicht bleiben.

Dringend muss ich was besorgen,
weil das Wochenende nah.
Samstag ist bekanntlich morgen
Sonntag ist dann niemand da.

Also werde ich jetzt tätig,
schreib auf meinen Zettel drauf,
alles was für Sonntag nötig
und was ich jetzt gleich mal kauf.

Mit der Tasche unterdessen
geh ich eilig zur Garage,
merk, dass ich, das Geld vergessen.
Ohne Geld, was 'ne Blamage.

Steige wieder in die Wohnung,
nur fünf Treppen ist sie hoch.
Hol das Geld mir zur Entlohnung,
überleg, was will ich noch.

Jetzt brauch ich nicht mehr zu warten,
gleich geht es zum Einkauf los,
doch mein Auto kann nicht starten.
Wo ist denn der Schlüssel bloß?

Wieder mal die Schlüsselfrage.
Schnell nach oben, Mann oh Mann,
atemlos, dank Treppenplage,
bis ich endlich starten kann.

Auto fährt, ich krieg das hin,
hab' die Tasche und das Geld.
Als im Supermarkt ich bin,
merke ich, mein Zettel fehlt.

So bleibt mir nur noch zu hoffen,
dass ich morgen nichts vergessen,
denn am Sonntag ist nicht offen,
sehe schon, dass Luft wir essen.

Dichterspielchen

Dieses ist die Zeit der Lichter,
die Löcher in das Dunkel brennen.
Wo oft, wir Gedichte - Dichter,
kaum mehr unsre Grenzen kennen.

Schreiben viel, mit vielen Worten,
manchmal auch ganz minimal,
schweben sanft zu hehren Orten,
oder hauen alles kahl.

Finden herrliche Ergüsse,
zweifeln an der Worte Wahl.
Immer neue Wortgenüsse
schöpfen wir in Dichterqual.

Möchten was Gescheites sagen,
andres tun, als viele machen,
glauben, man kann alles wagen,
leise oder laute Sachen.

Dennoch sollten wir bedenken,
wozu dieses Spielchen treibt.
Kann man sich die Mühe schenken,
oder ist es was, das bleibt?

Ich liebe dich

Ich liebe dich wie Erdbeertorte,

wie Schokolade, Liebesworte,

die weiche, warme Daunendecke,

in die ich meine Füße strecke.

Wie Sahneschnitten mit Vanille,

ein Lutschbonbon ganz ohne Hülle,

in parfümierten Schäumen baden,

und Glitzereis bei Kältegraden.

Auch wie die Sonne lieb ich dich,

droht auch dabei ein Sonnenstich,

wie ein feuchtwarmer Frühlingsregen,

und herbstlich reichen Früchtesegen.

Lieb dich wie einen Regenbogen,

weiß schäumend, wilde Meereswogen,

das Flattern bunter Schmetterlinge,

der Vögel frühes Lustgesinge.

Noch vieles könnte ich dir sagen,

doch manches kann ich hier nicht wagen.

Es flattert einfach mir im Bauch,

sag spürst du das denn auch?

Familiendrama

Ein Sperling sprach zu seiner Frau
ich möchte in den Süden ziehen,
so wie Herr Schwalberich genau,
dem kalten Winter hier entfliehen.

Frau Sperling möchte nicht gern fliegen,
das macht sie ihrem Gatten klar.
„Ich will nicht wieder Flugangst kriegen,
wie schon mal im vergang'nen Jahr."

So spricht sie säuerlich ihn an
und sagt: „Du kannst alleine gehen,
ich bleibe hier auch ohne Mann,
dass ich das kann, wirst du schon sehen."

„Wenn du das meinst, kann ich ja geh'n",
sagt er und flattert schnellstens fort.
Sie piepst, „wenn wir uns wiederseh'n,
dann sprechen wir ein ernstes Wort."

Er flog so gut er konnte mit,
die andern waren sehr versiert.
Am Ziel macht er noch einen Schritt,
dann fiel er um, dann war's passiert.

Frau Spatz indessen bracht' gemütlich,
den Winter zu, in ihrem Nest,
dann kamen Vögel her von südlich,
nur er kam nicht, das stand bald fest.

Die Trauer hat nicht angehalten,
sie machte bald der Freude Platz,
denn sie war los jetzt ihren alten
und nahm sich schnell 'nen neuen Schatz.

Kein Vogel kann sich alles leisten,
muss tun, was and're Schwalben machen.
Drum Schuster, bleib bei deinem Leisten,
die Finger lass' von fremden Sachen.

Räumen

Muss mal wieder tüchtig räumen,
Mensch, was hat sich angesammelt,
manches richtig angegammelt,
heute schaff ich, statt zu träumen.

Angefangen mit Elan,
Ärmel eifrig hochgeruckt,
in die Hände jetzt gespuckt.
Weiß grad nicht, wo fang ich an.

Muss mich erst mal etwas setzen,
dass ich überlegen kann.
Weiß ich das, fang ich gleich an.
Man braucht schließlich nicht so hetzten.

Sicher sind noch viele Dinge
hier, die ich noch brauchen kann.
Ach, da find ich ja ein Buch,
fang gleich drin zu schmökern an.

Mitten in dem alten Plunder,

sitz ich, hab die Zeit vergessen

und sogar etwas zu essen.

Ist beim Lesen das ein Wunder?

Wieviel Zeit jetzt schon vergangen,

merke dass es schon zu spät

und das Räumen nicht mehr geht.

Werd ein andermal anfangen.

Stacheln

Ein Laubfrosch und ein Igel
begegnen sich am Teich.
„Ich geb darauf mein Siegel" sagt da der Igel gleich,
„ich werd dich sofort küssen, du bist so zart und grün
und sicher willst du wissen, wie meine Stacheln glühn."

Drauf sagt das Fröschlein,
„bitte, das wirst du doch verstehn
muss erst in Teiches Mitte nach meinen Kindern sehn.
Willst du solange warten? Das Küssen hat wohl Zeit .
Ich komm dann in den Garten für deinen Kuss bereit."

Das Fröschlein hüpft ins Weite,
ihm war schon angst und bang
springt in den Teich beiseite, der Igel hoffte lang.
Ein Kuss vom Stacheligel wohl keine Freude macht.
Der Frosch in Teiches Spiegel hat sich davon gemacht.

Die Muse

Eine Muse möcht mal gerne wieder einen Künstler küssen
Da wird einen Musensohn sie sich eilig suchen müssen.
Wie gerufen naht von Ferne schon das richtige Objekt,
das versunken in die Künste des Gedichteschreibens steckt.

Sie beeilt sich, dass sie schnellstens diesem Künstler nahe ist
und mit feurigen Gefühlen küsst sie ihn und küsst und küsst.
Doch der Dichter auf die Gaben eigentlich nicht reagiert.
Ganz enttäuscht ist uns're Muse, als sie sieht was ihr passiert.

Sie hat ihre Gunst vergeudet, das ist ihr jetzt völlig klar,
weil der schöne Musensohn, eine Musentochter war.
Übereifrig war die Muse, und ein bisschen schämt sie sich,
Musentöchter brauchen nämlich einen Kuss vom Muserich.

Das Hauptproblem

Ich habe mir, wie meistens,

viel zu Vieles aufgeladen,

zunächst müsst aus dem Bett ich raus,

das würde wohl nicht schaden.

.

Doch vorher überleg ich noch,

wo die Probleme stecken,

weiß nicht, wo fang zuerst ich an,

es brennt an allen Ecken.

Was kommt zuerst, was kommt zuletzt,

was sollt ich lieber lassen,

schreib ich fürs Erste ein Gedicht,

spül ich zunächst die Tassen?

Nehm ich mir schnell das Waschen vor,

beginn ich mit der Wohnung?

Und wenn ich alles hab gemacht,

was ist dann die Belohnung?

Vom vielen Denken werd ich müd,

es schmerzt der Kopf, die Glieder.

Ich glaub, ich leg mich besser hin,

und denke morgen wieder.

Die Wahl ist hier das Hauptproblem.

ich kann mich nicht entscheiden

So hat das alles keinen Sinn,

werd heut die Arbeit meiden.

Zwergengedicht

Ein Zwerglein saß in seinem Haus
gelangweilt sah die Miene aus,
es dachte sich, so geht das nicht,
ich schreib euch schnell mal ein Gedicht.

Ganz fleißig schrieb es viele Stunden,
hat manchen schönen Reim gefunden,
erzählt, was in der Welt geschehen,
wo es dabei, - was selbst gesehen.

So schrieb es eine lange Zeit,
und eines Tages war's soweit.
Der Kopf war leer, die Blätter voll,
der Zwerg fand die Gedichte toll.

Dabei vergaß er zu bedenken,
will er die Werke Menschen schenken,
ist Zwergenschrift zu klein zum Lesen.
Das ist schon immer so gewesen.

Er denkt, ich les' auf meine Weise,
doch hört man nichts - er spricht zu leise.
Drum werden wir auch nie erfahren,
wie herrlich die Gedichte waren.

Mein Haustier

In der Ecke sitzt mein Haustier
schwarz wie Kohle ist sein Fell,
nur die weißen Zähne blinken,
bei dem häuslichen Gesell.

Rührt sich nicht, lass ichs in Ruhe,
stipp ichs mit dem Finger an,
macht es jämmerliche Töne,
und fängt gleich zu jaulen an.

Nehm ich Zeit mir, es zu streicheln,
meine Finger zärtlich graulen,
mag es das, fängts an zu singen,
mach ichs richtig, brauchts nicht jaulen.

Dieses Haustier, dieses schwarze,
zähnebleckende Getier,
rührt sich nur, wenn ich es locke,
es ist nämlich mein Klavier.

Faulheit

Der Löwe sagt zu seiner Frau:
"Ich leg mich jetzt und will mal schlafen,
halt mir vom Leib den lauten Pfau,
den wir da beide, vorhin trafen."

"Ich finde er ist viel zu bunt,
ein richtig dummer eitler Fratz.
Red nicht mit ihm und halt den Mund,
weck mich wenns Essen gibt, mein Schatz.

Die Löwin jagte mit viel Müh,
bis sie den Braten in der Hand.
Zerlegt ihn, schafft von spät bis früh,
ihr Mann, der schnarcht im Wüstensand.

Schnell holt sie ihre Kinder her,
die Freundin mit den Jungen auch.
Sie fraßen eifrig, wollten mehr
und füllten ihren Löwenbauch.

Als sie schon alles aufgefressen,

da fiel ihr ein "oh je, mein Mann"

den Schläfer hatte sie vergessen,

für ihn blieb nichts, mit Schwanz daran.

Wer schläft, statt sich ums Mahl zu sorgen,

muss eben sehen, wo er bleibt.

Vielleicht verhungern, wenn auch morgen,

er dieses Spielchen weiter treibt.

Schafskälte

Nachts hat unser Thermometer einen Riesensturz gemacht,
konnte sich nicht oben halten fiel herunter in der Nacht.
Seine Werte sind gesunken, Sommerfeeling ist dahin,
Alle müssen bei der Kälte, sich was Warmes überzieh'n.

Schafe hätten null Probleme, ihnen wächst ein warmes Vlies.
Jetzt hat man sie ausgezogen, Menschen sind doch richtig fies.
Ausgerechnet Anfang Juni, wenn die Kälte nochmal neckt,
wurden sie gemein bestohlen und geschoren, wie geleckt.

Oh, wie müssen Schafe leiden, wenn sie auseinander schwärmen,
drängen frierend eng zusammen gegenseitig sich zu wärmen.
Nimm bei dieser Schweinekälte deinen Schatz fest in den Arm,
schlüpft ins Bett, ihr werdet sehen, miteinander wird es warm.

Jedes Jahr ist es das Gleiche, sie wird Schafskälte genannt,
sie wird mit zusammenrücken in die Zweisamkeit gebannt.
So hat auch, falls wer gescheit ist, Kälte ihre guten Zwecke,
immer dann, wenn man zu zweit ist und liegt unter einer Decke.

Süße Träume

Dämmerung wie Milchkaffee
oder Vollmilchkakao,
Wolken Erbeertortensahne.
Süß macht heiter, lustig, froh.

Nacht wie schwarze Schokolade,
Füllung, Nougat bester Sorte,
Sterne, Splitter von Krokant,
Mond 'ne Eierlikörtorte.

Zuckerwatte weiche Kissen,
Decke Mandelmarzipan
bunte Zuckerkugelträume,
die im Schlaf man lutschen kann.

Viele Küsse ganz aus Schaum,
Pralinenwünsche voller Wonne,
Himbeersaft die Morgenröte,
Vanillepudding dann die Sonne.

Falls ihr soviel nicht vertragen,
von Süßem übersättigt seid,
gibts am Morgen leider nur,
statt Frühstücks - Tee mit Zwieback - zeit.

Der Schönheitsfleck

Ganz plötzlich war ein schwarzer Fleck
an ihrem Hals, der ging nicht weg.
Sie rieb mit Spucke doch es hing,
und ging nicht weg, das schwarze Ding.

Ihr wurde klar, geht er nicht weg,
dann ist das wohl ein Schönheitsfleck.
Er war geformt wie Amors Pfeil,
war mal was andres, sie fands geil.

Die Feststellung stellt sie zufrieden.
In Schönheit schreitet sie entschieden
ins Meer, sie will im Seichten schwimmen,
um sich als Venus aufzutrimmen.

Wie Aphrodite schaumgeboren,
entstieg dem Meer sie, doch verloren
hat sie beim Bad den Schönheitsfleck.
Der schöne Fleck war leider Dreck

Festmahl

Heute will ich Gutes kochen, alles liegt schon lang bereit.

Habt den Braten ihr gerochen? Dafür war es langsam Zeit.

Gut wird er sich heute machen, passt zum Anlass, einem Fest.

Mach dazu noch andre Sachen, was sich sicher denken lässt.

Dieses Festmahl soll uns freuen, wird ein Gaumenkitzel sein

und geladen sind die treuen Freunde, ich ess nicht allein.

Dieser Braten muss gelingen, er sieht wirklich köstlich aus,

gänzlich zart will ich ihn bringen, Bratenduft zieht durch das Haus.

Doch er braucht noch eine Weile bis er knusprig ist und zart.

Ach, da schreib ich mal 'ne Zeile, ein Gedicht, solang ich wart. Sitze dann

vergnügt und schreibe, komme richtig gut in Schwung,

alles was ich tu und treibe, künd ich mit Begeisterung.

Hab die Zeit dabei vergessen, denn ich schrieb wohl reichlich lang,

bis mir einfiel, ach, mein Essen und gleich wurde mir auch bang.

Witterte nun Brandgerüche, die ich nicht mehr köstlich fand.

Sah als ich in meiner Küche, dieser Braten war verbrannt.

Und im Zimmer nichts als Schwaden, alles war total verraucht.

Lüften konnte da nicht schaden, weil der Sauerstoff verbraucht.

Hin war nun das schöne Essen, da half nur das Restaurant,

Bat die Freunde dort zu essen, mit 'nem Wurstbrot in der Hand.

Liebe Freunde lasst euch raten und den Braten nie allein,

anstatt ein Brikett zu braten, lasst solang das Dichten sein.

Ein dickes Ding

Liebes nettes, dickes Ding,

hattest schöne rote Bäckchen,

warst so prall als ich dich fing,

trugst ein Regenbogenjäckchen

Liefst davon, ich fand dich schon,

gut versteckt im Spielgelände,

sah dich lachen ohne Ton,

warf dich gegen Tür und Wände.

Kullertest im Gras herum,

wolltest dass ich mit dir spiele.

Ging die Luft dir aus, warum

hattest du stets andre Ziele?

Hab dich wieder eingefangen,

hielt dich fest, damit du bliebst,

bliesest auf die runden Wangen,

bei dem Unsinn den du triebst.

Außen warst du dick und rund,

Neckerei dein einzig Ziel,

Himmelsblau und Wiesengrund,

Kullerrunden, Fangmichspiel.

Bist mein Ball aus Kinderzeit,

schenkst mir nun Erinnerung,

weiß noch, wie ich mich gefreut,

über Weit - und – Himmelssprung.

Deine Bäckchen sind nun locker,

lang schon hast du weiche Ohren,

springst nicht mehr, nein, fällst vom Hocker,

hast die Lust am Spiel verloren.

Mein Mann

Mein Mann ist eine Augenweide,
ist wie Apollo groß und schlank.
Sein Körper eine große Freude
auch niemals schlecht gelaunt und krank.

Die Haare voll, gelockt und dunkel,
sein Angesicht ist männlich herb,
das Augenstrahlen mit Gefunkel,
die Hände zärtlich, niemals derb.

Die Schultern sind athletisch breit,
dafür die Hüften sportlich schmal.
Der Po voll knackig, denn zur Zeit
trainiert er täglich siebenmal.

Sein Bauch ist flach und muskulös,.
sein sixpack völlig modeliert.
Das ganzes Aussehn ist seriös
wer ihn nur sieht, sein Herz verliert.

Die Beine hab ich noch vergessen,
die Fesseln schlank man glaubt es kaum.
Ich bin auf ihn total versessen
hoff', dass er kommt heut Nacht, im Traum.

Schlaf

Sitze jetzt schon eine Weile ratlos vor dem Blatt Papier
keine Worte wollen fließen frag mich nur, was soll ich hier?
In der Nacht da bin ich nämlich von den Reimen aufgewacht,
weil sie mir den Schlaf geraubt,
meinen Kopf ganz wirr und gemacht.

Irgend einer riet mir dringend länger nicht im Bett zu bleiben,
es wär schließlich meine Pflicht alles auf Papier zu schreiben.
Tief im Innern hört ich etwas, das mir sagt: "So bleibe doch,
ich rat dir im Bett zu bleiben, schreiben kannst du morgen noch."

Also blieb ich ruhig liegen, gab der innren Stimme recht,
denn genügend Schlaf zu kriegen
ist doch in der Nacht nicht schlecht.
Morgen werde ich dann schreiben, alles, was man von mir will.
Seit heut morgen sitz ich nun, doch da oben bleibt es still.

Ich versuche ihn zu wecken, diesen Geist in meinem Kopf
doch da oben nichts als Stille, sicher schläft der faule Tropf.
Keine Worte wollen fließen, das Papier bleibt einfach leer.
Drin im Kopf da schläft der Dichter, ich bin nur sein Sekretär.

Patent

Vor ein paar Tagen kam mir eine Pfundssidee,

gerade als ich Kleider anprobierte,

ich passte nicht hinein in das Komplet,

sah wie 'ne Wurst aus, was mich sehr genierte.

Was ich auch machte konnt' nicht überzeugen,

zog ich den Bauch ein, fehlte mir die Luft,

zog ich am Kleide, merkt ich beim Beäugen,

dass der Verschluss nach Druckentlastung ruft.

Nahm ich das Kleid dann eine Größe weiter,

fand ich mich dick, sah wie 'ne Tonne aus.

Der Anblick stimmt nur die Umgebung, heiter,

ich stürmt beschämt, schnell aus dem Laden raus.

Zuhause kam die schwarze Depression.

Zum Kühlschrank schleppt' ich mich mit großer Müh',

und nach dem Essen kam die Einsicht schon,

mit der Methode schaffe ich es nie.

Man müsste doch mal einfach was erfinden,
das Kleider innen größer als von außen macht.
So saß ich dann, versuchte zu ergründen,
wie die Erfinder sich so tolle Sachen ausgedacht.

Bei Tag und Nacht in des Gehirnes Windung,
ich aß dabei, da liefen die Synapsen heiß.
Ganz nahe bin ich schon an der Erfindung,
nur noch der letzte Klick, so wie ich heut weiß.

Ich sehe mich schon schlank als Model schreiten,
kann essen Kuchen, Torten und was mir gefällt.
Was kümmern mich dann noch die Kleiderweiten,
egal, wenn ich von innen dick, das schlanke Äuß're zählt.

Verkehrte Frühlingswelt

Wenn Wasserkessel Lieder singen,
der Besen hebt zu fliegen an,
die Bügelbretter Kaffee bringen,
der Kuchen Rückenschwimmen kann.

Die Schaufel übt den Tangoschritt,
dabei den Schrubber fest im Arm,
zum Staubtuch sagt, "ich nehm dich mit",
bedeutet das, Gefühlsalarm.

Wenn Schmetterlinge bauchwärts dringen,
nach Braten duftet Sonnenschein,
die Regentropfen golden klingen,
kann das doch nur der Frühling sein.

Dann sind die Zeiten aus dem Häuschen,
sie wollen unsre Welt betrügen,
bescheren uns ein Stundenpäuschen,
und alles, alles muss sich fügen.

Wenn Lächeln die Gesichter zieren
und Liebe satt macht ohne Essen,
die Sterne Sternenstaub verlieren,
dann ist es Frühling unterdessen.

Zustände

Was flattert nur in meinem Bauch?
ich glaube es sind Schmetterlinge.
Ganz weiche Beine hab ich auch
und fühle sonderbare Dinge.

Mal glaube ich, ich würde schweben
und Purzelbäume schlägt das Herz.
So etwas müsst ihr mal erleben
das macht euch kirre, ohne Scherz.

Dann fang ich plötzlich an zu weinen,
doch gibt es dafür keinen Grund.
Ich glaube fast man könnte meinen
ich wär im Kopf nicht ganz gesund.

Kann ich ihn nur von fern erkennen
wird mir erst kalt dann wieder heiß.
Wie soll man diesen Zustand nennen?
Gibt es hier einen der das weiß

Barbara Kopf,

in Danzig geboren, aufgewachsen in Karlsruhe, war von jeher eine Leseratte. Bücher bedeuteten ihr viel. Schon von frühester Jugend an, versuchte sie den Bücherschreibern nachzueifern.

Sie wurde Opernsängerin und später Krankenschwester.

Nun, nach ihrer Berufszeit, kann sie sich privilegiert fühlen, nach Herzenslust schreiben und beliebig ausgiebig ihrer Passion frönen.

Sie freut sich, ihre Gedankenkinder in die Obhut der Leser zu geben, damit auch sie Freude an ihnen haben.

Mensch Erfindergeist

Schöpfer der Langeweile

trotz aller Wunder

Fantasie allein

kann uns die Flügel schenken

die schweben lassen

Gedankenflügel

tragen uns mit Leichtigkeit

aus Not und Elend